KB138766

유튜버가
사라지는
미래

옮긴이 아리프

낮에 직장에서 일을 하고 밤에 책을 읽는 평범한 직장인이다. 고민이 있으면 책에서 답을 찾으려
고 노력한다. 덕분에 많은 책을 읽을 수 있었고 번역까지 하게 되었다.

아리프(Arif)는 '현명하고 지혜롭다'라는 의미의 아랍어다. 현명하고 지혜롭게 살고 싶은 마음에
서 필명으로 쓰고 있다.

옮긴 책으로 《2040 미래 예측》이 있다.

유튜버가 사라지는 미래

10년 후 미래를 상상하다

초판 발행 2022년 8월 15일

지은이 오카다 토시오   **옮긴이** 아리프   **펴낸이** 이성용   **책디자인** 책돼지

펴낸곳 빈티지하우스   **주소** 서울시 마포구 성산로 154 4층 407호(성산동, 중영빌딩)

전화 02-355-2696   **팩스** 02-6442-2696   **이메일** vintagehouse_book@naver.com

등록 제 2017-000161호 (2017년 6월 15일)   **ISBN** 979-11-89249-68-7   03320

YOUTUBER GA SHOMETSU SURU MIRAI
Copyright © 2018 by Toshio OKADA
All rights reserved.
First original Japanese edition published by PHP Institute, Inc., Japan.
Korean translation rights arranged with PHP Institute, Inc.
through Danny Hong Agency

10년 후
미래를
상상한다

유튜바가
사라지는
미래

오카다 토시오 지음
아리프 옮김

빈티지하우스
VINTAGE HOUSE

미래 격차에 대비하라

인간에게 남아 있는 일은 없다!

인공지능이 지금처럼 계속 진화를 거듭하여 일반에 보급된다면 인간의 일자리는 사라지지 않을까요?

옥스퍼드대학교 마이클 오스본 교수는 2013년 〈고용의 미래〉라는 논문을 통해 "자동화 기술의 발전으로 인하여 10~20년 안에 현재 직업의 47퍼센트가 사라질 가능성이 크다"고 예측했습니다. 이때부터 '인공지능 시대에도 살아남는 직업', '미래에 필요한 기술' 같은 기사와 서적들이 쏟아져 나오기 시작했습니다.

'자동화가 어려운 비정형적인 일'이나 '창조적인 일' 또는 '인간을 상대로 커뮤니케이션이 필요한 일' 등의 직업은 인공지능 시대에도 살아남을 수 있으며, 이와 관련된 새로운 직업도 생겨날 것이기 때문에 크게 걱정할 필요가 없다는 사람도 있습니다.

그렇지만 저는 20~30년이라는 시간을 두고 생각하면 인간에게 어떠한 일자리도 남아 있지 않을 것이라고 생각합니다. 전체 인구의 한 5퍼센트 정도는 어떤 일을 하더라도 잘할 수 있을 것입니다. 굉장히 지능이 높거나, 리더십이 특별히 뛰어나거나, 외모와 행동이 매력적인 사람은 어떠한 시대라도 좋아하는 일을 하면서 즐겁게 살아갈 수 있을 것입니다.

하지만 나머지 90퍼센트 이상은 특별히 뛰어나지도 부족하지도 않은 보통 사람들입니다. 그런 보통 사람들에게 창의력이나 커뮤니케이션 능력이 조금 있다고 해도, 일자리가 없어지는 것은 전혀 이상하지 않습니다.

학교 선생님을 살펴봅시다. 앞서 언급한 〈고용의 미래〉라는 논문에서는 초등학교 선생님을 기계로 대체되기 어려운 직업으로 꼽고 있습니다. 하지만 저는 아이들을 한곳에 모아두고 선생님이라고 부르는 사람이 수업하는, 현재의 교육 시스템이 미래에도 계속된다고 생각하지 않습니다. 30년 후에는 확실히 그 시스템이 붕괴되어 있을 것입니다.

인구 감소와 극단적인 고령화로 학생들이 사라지는 지역이 늘어나는 상황에서 정부가 공교육을 유지하기 위해 예산을 계속해서 배정할 수는 없을 것입니다. 어느 시점이라고 특정할 수 없지만, 결국 인터넷 교육이 주류가 될 수밖에 없습니다.

이렇게 말하면 "교육에서 가장 중요한 것은 친구를 사귀고 선생님, 친구들과 소통하는 것 아닙니까?"라고 말하는 사람도 있을지 모르겠습니다. 하지만 30년이 지나면 사회는 완전히 변하는 법입니다.

1980년대 일본전신전화공사NTT에서는 전화망을 활용하여 '캡틴 시스템CAPTAIN system'을 보급하기 위해 노력했습니다. 캡틴 시스템을 이용하면 생활 정보를 얻을 수 있었고, 지금의 SNS와 같은 게시판으로 사용자들끼리 교류도 할 수 있을뿐더러 쇼핑도 가능했습니다. 지금의 인터넷을 선점한 시스템이었죠. 하지만 캡틴 시스템은 참패를 했습니다. 결국 사업자도 사용자도 '인터넷으로 쇼핑을 할 수 없다'라는 생각을 하게 되었습니다. 이러한 트라우마가 있었기 때문에 1990년대 중반 아마존이 인터넷 서점을 시작했을 때도 '이런 서비스가 잘 될 리 없다'라는 말을 들었습니다. 그런데 지금은 어떤가요? 우리는 당연하게 인터넷 쇼핑을 즐기고 있습니다.

교육도 마찬가지입니다. 인터넷 교육은 안 된다는 의견은 저에게 과거의 인터넷 쇼핑 부정론과 마찬가지로 들릴 뿐입니다.

교육열이 높은 부모라면 자녀에게 최고의 교사를 붙여주고 싶을 것입니다. 빌 게이츠 같은 사람이 가정교사라면 최고겠지요. 하지만 그렇게 우수한 사람을 가정교사로 고용할 수는 없습니다. 그렇다고 교육열이 높은 부모가 평범한 대학에서 교원 자격을 취득한 '보통의 교사'에게 소중한 자녀를 맡기려 하지도 않을 것입니다. 그럴 바에는 하버드대학교 마이클 샌델 교수의 인터넷 강의를 듣게 하는 것이 훨씬 낫지 않겠습니까?

앞으로 30년 안에 90퍼센트의 보통 사람들은 일자리를 잃게 될 것입니다. 지금부터 10년만 지나도 그 흐름은 누가 봐도 뚜렷해질 것입니다.

다만, 모든 일자리가 없어진다는 현실은 너무나 고통스러울 것입니다. 운이 좋은 사람은 안 해도 되는 일을 꼭 필요한 것처럼 계속 하려고 하겠지만요.

인공지능은 더 영리해지고 우리는 더 바보가 된다

앞으로 일어날 일은 '머리 나쁜 인공지능'과 '머리 좋은 인간'의 경쟁입니다.

머리가 나쁜 인공지능은 기술의 진보로 점점 영리해질 것입니다. 예전에는 음성인식 기술이 쓸모없었지만, 인공지능 기술을 활용한 음성인식 애플리케이션은 이제 여행지에서 간단한 동시통역을 쉽게 해낼 수 있게 되었습니다. 최첨단 인공지능만이 할 수 있었던 기능도 2~3년만 지나면 무료 애플리케이션으로 제공 받게 됩니다.

반면, 인간은 그렇게 발전하지 못합니다. 아니 오히려 점점 퇴화될 것입니다. 옛사람들은 매일같이 단순 노동을 했습니다. 지금 단순 노동을 견딜 수 있는 사람이 얼마나 될까요? 전체의 20퍼센트 정도나 될까요?

저만해도 이제 스마트폰이 없으면 간단한 한자조차 쓸 수 없게 되었습니다. "앞으로 인공지능이 얼마나 자연언어를 해석할 수 있게 될까?"라는 질문은 "앞으로 우리가 얼마나 한자를 쓸 수 없게 될까?"라는 질문과 함께 한다고 생각합니다. 인공지능이 발전하면 할수록 우리는 점점 무능해집니다. 어리석은 인간부터 차례대로 현명한 기계에게 일을 빼앗길 것입니다.

최고 수준의 우수한 인간은 미래에도 인공지능보다 유능하게 계속 남을지 모르겠지만, 그들도 매년 2~3배씩 영리해지는 건 아닙니다. 마라톤으로 비유한다면 선두집단에 있는 선수의 기록은 크게 다르지 않지만, 평균적인 기록은 점점 나빠지고 있습니다. 가장 후미부터 인공지능 선수가 착실하게 기록을 단축하면서 따라오고 있습니다.

저는 애니메이션과 특수 촬영의 제작에 종사한 적이 있어, 이 변화를 크게 실감하고 있습니다. 특수 촬영 효과를 살펴봅시다.

저는 존 카펜터 감독의 1981년도 작품 〈에스케이프 프롬 뉴욕〉이라는 근미래 SF 영화를 무척 좋아하는데요, 혹시 알고 있나요?

영화에서 주인공이 한밤 중에 글라이더를 타고 뉴욕에 침입하는 장면을 보면, 빌딩의 와이어 프레임*을 볼 수 있습니다. 그런데 이 장면은 컴퓨터그래픽이 아닙니다. 검은색으로 칠한 골판지에 테이프를 붙여 촬영한 것입니다. 당시에는 컴퓨터그래픽의 비용이 비싸서 인력으로 컴퓨터그래픽과 같은 영상을 만드는 것이 일반적이었습니다.

그러던 것이 1995년에 개봉한 〈토이 스토리〉에서는 전체를 컴퓨터그래픽으로 제작하는 것이 당연하게 되었습니다. 현재 헐리우드에서는 우수한 컴퓨터그래픽 엔지니어를 많이 고용하는데, 이는 컴

---

* 컴퓨터로 도형을 화상 처리하는 데 있어 수많은 선을 사용하여 물체의 윤곽을 표현하는 방법

퓨터그래픽의 원가가 사람이 직접 만드는 특수 효과보다 훨씬 싸졌기 때문입니다. 그 그늘에서 특수 촬영 세트나 도구를 만들던 사람들이 일제히 일자리를 잃어가는 겁니다.

수작업으로 특수 촬영 세트를 만드는 사람들도 "외계 행성의 풍경을 컴퓨터그래픽 수준의 퀄리티로 처음부터 만듭니다!"라고 하면 일은 할 수 있을 것입니다. 하지만 예전보다는 훨씬 싸거나 무보수로 작업을 해야 할 수밖에 없을 뿐이죠.

겉치레와 돈을 포기한다면, 그런 일은 얼마든지 있을 것입니다.

반대로 전혀 돈이 되지 않는, 필요하지 않은 일이 가치를 가질 수도 있습니다. 블로그가 가장 좋은 예입니다. 블로그는 누가 시키는 것도 아니고, 하지 않아도 아무도 곤란하지 않으며, 돈도 되지 않는 일입니다. 하지만 누군가가 어떤 블로그를 좋아하고 재미있어하는 순간, 블로그에 가치가 생깁니다. 누군가가 감사해주기도 하고, 때로는 돈의 흐름이 생겨나기도 합니다. 조금 전에 예로 들었던, 특수 촬영 세트도 보수는 공짜나 다름없을지도 모르지만 "지금 세상에 골판지로 이런 것을 만들다니 웃겨!"라고 인터넷에서 인기를 끄는 일이 생길지도 모릅니다.

필요했던 일이 사라지는 대신에, 필요 없는 일이 하나씩 생깁니다. 이것이 앞으로의 일의 모습입니다.

미래 격차를 인식하라

말할 필요도 없지만, 격차는 점점 확대되어 갈 것입니다.

그 격차란 소득이나 교육의 격차라기보다, 미래에 대한 생각에 따라 생기는 '미래 격차'입니다. 미래가 어떻게 변할 것인가를 항상 의식하고 자신의 행동에 반영할 수 있는가에 따라 격차가 발생합니다.

지금은 안정된 직장이라고 해서, 대기업에 들어가 장래성이 없는 분야에서 20~30년 동안 경력을 쌓아도 어쩔 수 없습니다. 하지만 그런 희박한 승리에 전부를 거는 것보다, 몇 개의 가능성 있는 일에 관심을 갖고, 수입원도 여러 개 가지고 있는 것이 리스크를 분산하는 방법이 될 것입니다.

앞에서 마이클 오스본 교수의 〈고용의 미래〉를 언급했지만, 논문에서 말하는 '미래에 남을 가능성이 높은 직업 리스트'에서 단 하나의 직업을 선택하려고 하는 사람은 여전히 불안한 미래를 살 수밖에 없습니다.

우리는 그동안 물이 풍부한 오아시스에서 편하게 살았습니다. 목이 마르면 오아시스에서 원하는 만큼 물을 마실 수 있었습니다. 하지만 앞으로는 그럴 수 없습니다. 오아시스가 대단한 기세로 말라 가고 있기 때문입니다.

"어느 샘물이 끝까지 남아 있습니까?"라고 한가롭게 물을 때가 아닙니다. 그것은 어느 누구도 알 수 없습니다. 내가 선택할 수 있는 가짓수를 최대한 늘리고, 한 곳이 아니라 여러 곳의 샘물을 관리해야 합니다. 그렇지 않으면 단 하나의 샘물이 사라진 것만으로 죽게 됩니다.

앞으로 살아남기 위해서는 미래가 어떤 방향으로 변하고 있는지 항상 생각하고 고민하고 알아채야 합니다.

목차

제1장

미래 예측의
3대 법칙

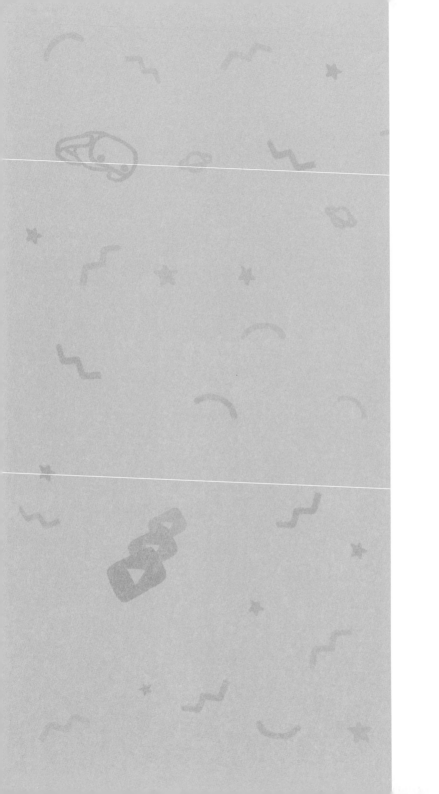

10년 후 미래에는
어떤 세계가
펼쳐질까?

인간은 언제나 미래에는 어떤 일이 생길 것인가에 대해 많은 관심을 가져왔습니다. 저부터도 미래 예측을 좋아하고, 뉴스를 볼 때마다 '이런 기술이 개발되면 미래에는 이렇게 되지 않을까?'라고 망상을 펼치고는 합니다.

이 책에서는 지금부터 10년 후 미래는 어떻게 바뀌고 우리는 어떻게 살고 있을지에 대해 제 관점에서 예측해보려고 합니다.

일단 확실하다고 할 수 있는 것부터 시작하겠습니다. 2020년대에는 일본에서 몇 가지 큰 이벤트가 개최됩니다. 2021년에는 코로나로 연기되었던 도쿄 올림픽이 개최되었고 2025년에는 오사카 엑스포가 개최됩니다.

일본은 고도 경제성장기 시절에 도쿄 올림픽과 오사카 엑스포를 개최하면서 일본을 경제적으로 크게 부흥시켰습니다. 그 꿈을 반세기가 지난 현재 다시 재현하고자 하는 것입니다.

하지만 20세기형 경제 진흥책이었던 국가 규모의 큰 이벤트는 더 이상 효용이 없는 것으로 판명되었기에 이러한 국가 규모의 이벤트는 당분간 없을 것 같습니다.

최근 가장 크게 실감하는 미래는 인구 감소입니다. 인구 기준으로 세계 10위였던 일본은 10년 후에는 출생률이 3.0 이상 되는 세계 13위 필리핀에 역전되어 있을 것입니다.

인구 감소는 일본만의 현상이 아니라 세계 최대의 인구를 가진 중국도 2025년에는 인구 감소로 돌아선다고 하며, 10년 후에는 중국 대신 인도가 세계 최대의 인구를 보유한 나라가 될 것이라 예측하고 있습니다.

어쨌든 국력이라고 하는 것은 인구수에 큰 영향을 받기 때문에 10년 후 미래에는 국제적인 역학 관계도 역동적으로 변화하고 있을 것입니다.

20세기 말, 미국과 소련의 냉전이 끝나면서 세계가 평화로워지는가 했지만, 세계는 다극화가 진행되며 오히려 불안정해졌습니다.

21세기에 들어 테러와 분쟁이 세계 곳곳에서 터지면서 난민 문제가 세계를 뒤흔들고 있습니다.

2017년 도널드 트럼프가 미국 대통령이 되고 '아메리카 퍼스트'를 내세운 것은 세계에 충격을 주었지만, 이것은 미국만의 이야기가 아닙니다. 지금은 어느 나라도 자국 제일주의를 외치고 있으며, UN의 이상은 이미 사라진 지 오래입니다.

지금의 상황을 알기 쉽게 표현한다면, '세계적인 전국시대'가 아닐까요? '난세'라고 해도 좋을 것 같습니다. 100년 후 역사학자가 지금을 되돌아본다면 "2010년대 이후 지구는 전국시대에 돌입했다"라고 말할지도 모릅니다.

제가 말하는 '전국시대'나 '난세'라는 표현은 여기저기서 전쟁과 테러가 일어난다는 말이 아닙니다. 물론 국가 간의 군사적 충돌이 늘어난 것도 있지만, 나라에 국한되지 않고 여러 조직이나 개인, 사상, 주의, 문화가 격렬하게 부딪치고 자신들의 세력을 늘리기 위해 역동성이 높아진 상태를 말합니다.

이런 상황이 시간이 지나면 진정된다고 생각하지 않습니다.

한편, 이 정도의 역사적인 격동기이기 때문에 10년 후 세계에 대해서도 재미있는 상상을 할 수 있습니다.

사회의
가치관에
주목한다

미래 예측을 적중하는 것은 상당히 힘든 일입니다.

1940년대 2차대전이 발발하기 전에 간행된 과학잡지 〈어린이의 과학〉에서는 50년 후, 100년 후의 세계를 군사력으로 예측했습니다. 그 당시의 가치관으로는 경제력이 아닌 군사력이 가장 중요했기 때문입니다. 그러니까 "어느 나라의 군사력이 뛰어난가?", "A국과 B국이 전쟁을 하면 어느 쪽이 이길 것인가?"와 같은 이야기가 아무렇게나 나올 수 있었습니다.

그렇지만 20세기 후반 이후에는 경제력이 힘을 발휘하는 시대가 되었습니다. "앞으로 어떤 기업이 살아남을까?"와 같은 이야기에 모두 관심을 가지게 되었습니다. 2007년 아이폰이 등장하기 이전에는 '소니 vs 애플'이라는 기사도 비즈니스 잡지에서 자주 볼 수 있었습니다.

지금 우리는 '어느 기업이 살아남는지'에는 별로 관심이 없습니다. 애플이나 구글이라고 하는 개별 기업이 아니라, '인터넷 산업은 괜찮을까?', '비트코인 등의 암호화폐가 일반적으로 쓰이게 될까?', '인공지능이 보급되었을 때 살아남는 직업은 무엇일까?'와 같은 것에 신경을 쓰기 시작했습니다.

1980년대 출판된 앨빈 토플러의 《제3의 물결》에는 컴퓨터와 인터넷이 보급된 사회가 꽤 정확하게 묘사되고 있습니다. 인터넷에 의해서 싸고 좋은 것을 누구라도 간단하게 손에 넣을 수 있는 미래는 확실히 적중했습니다. 하지만 '좋아요'를 받기 위해서 스마트폰으로 사진을 찍어대는 세대가 등장한다는 것은 읽을 수 없었습니다. 기존 경제 성장의 연장으로 생각한다면, 미래 예측에는 한계가 있을 수밖에 없습니다.

어떻게 하면 미래를 더 확실하게 예측할 수 있을까요?

그것은 사회 가치관의 변화에 주목하는 것입니다.

지금 우리의 사회 가치관은 어떤 변화가 진행되고 있을까요?

미래를
예측하기 위한
3대 법칙

제가 볼 때 현재 진행되고 있는 사회 가치관의 변화는 다음 세 가지로 정리할 수 있습니다.

① 첫인상 지상주의
② 생각하는 대신 찾는다
③ 중간은 필요 없다

이것을 확인해 두면 현재 일어나는 일을 이해하고 미래를 예측하기가 쉬워집니다. 순서대로 설명하겠습니다.

① '첫인상 지상주의'는 처음 느낀 인상이나 그때 일어난 감정을 절대시하는 것입니다. 누군가의 트윗을 보고 발끈하면, 발끈하는 감

정을 증가시키는 정보만을 모으게 됩니다.

요즘에는 사람들을 낚기 위한 제목을 붙인 기사가 인터넷에 많이 올라오지 않습니까. "제목에 낚이지 말고, 본문을 제대로 읽어!"라고 분노하는 사람도 있습니다. 하지만 저는 이제 그런 것은 무리라고 체념하고 있습니다.

제목에 낚여 본문을 읽다 보면 제목에 낚인 자신이 한심하여 자괴감을 느낄지도 모릅니다. 본문을 제대로 읽는다는 수고를 들여서 결과적으로 자괴감을 느끼게 된다면 수지가 맞지 않네요. 그렇다면 처음부터 자신이 옳다고 생각하는 정보만을 읽는 편이 가성비가 좋을 수 있습니다. 인터넷에서 자신에게 편리한 정보만 모으는 것은 매우 간단한 일입니다.

인터넷이 태동하던 시기에는 "인터넷 사회에서는 같은 취미, 같은 기호의 사람들끼리만 함께 한다"는 의견이 있었지만, 현재의 인터넷은 그 이상이 되어버렸습니다. 자신의 첫인상으로 '이 사람은 좋은 사람이다', '이 사람은 나쁜 사람이다', '이 사람은 우리 편이다', '이 사람은 적이다'라고 몰아붙입니다. 특히 적이라고 느끼는 대상에 대해서는 철저하게 공격하고 싶어지는 것이 보통입니다.

한국이나 중국을 싫어하는 사람은 혐한, 혐중을 부추기는 정보만을 수집합니다.

저는 스스로 인터넷에서 능동적으로 정보를 모으고 있고, 인터넷에서 쏟아지는 쓰레기 같은 뉴스에는 속지 않으려고 하고 있지만, 저 역시 제가 좋아하는 정보만을 받아들이고 있을 뿐입니다. '첫인상 지상주의'가 만연하고 있는 덕분에 비난과 악플은 완전히 일상이 되어버렸습니다.

② '생각하는 대신 찾는다'는 내가 스스로 해답을 생각해내는 것이 아니라, 다수의 의견에서 나에게 맞는 해답을 선택하는 것입니다.

옛날 같으면 꿈이나 목표, 그렇게 대단한 것이 아니더라도 간단한 의견 같은 것은 스스로 생각해냈습니다. 하지만 지금은 인터넷에 대부분의 정보가 있습니다. 당신이 스스로 생각하지 않더라도 인터넷에서 얼마든지 찾을 수 있는 것입니다.

방금 개봉한 영화를 보고 '좀 뭔가 시시했어……'라는 생각을 했다고 합시다. 그렇지만 내 생각을 그대로 SNS에 올리는 것은 조금 두렵습니다. 인터넷에서 그 영화를 찾아보니 유명 배우가 극찬하기도 했고, 그럭저럭 인기도 얻고 있고, 영화 비평 사이트의 평가도 높습니다. 이 정보들을 찾아본 당신은 인터넷에서 본 정보를 참고로 "×

××의 ○○○한 연출이 정말 좋았습니다"라고 그럴듯하게 SNS에 글을 올리게 됩니다.

저는 인터넷이 없던 시절에 태어난 오래된 인간이기 때문에 이런 것을 보면 "뭐가 재밌냐?"라고 말하고 싶어지는데요. 보물은 스스로 힘들여 찾아내기 때문에 보물인 것입니다. "여러분, 한정품입니다. 줄 서서 사주세요"라고 말한다고 해서, 간단하게 손에 넣은 것이 보물이 되는 것은 아니라고 생각하지만…… 뭐 이런 푸념은 일단 넣어둡시다.

③ '중간은 필요 없다'는 어쩌면 세 가지 중에서 가장 중요할지도 모릅니다.

아마존이 성장한다고 해서 서점이 전부 망했는가 하면 그것은 아닙니다. 책을 많이 보유한 대형 서점이나 특별한 감각으로 도서 큐레이팅이 뛰어난 서점은 살아남아 있습니다. 망한 곳은 이렇다 할 특징이 없는 어중간한 중소 서점들입니다.

같은 경우로 예능인이나 소설, 만화에 대해서도 말할 수 있습니다. 재미있는 유튜버가 넘쳐나기 때문에 예능인들이 모두 실직했을까요? 무료로 만화를 읽을 수 있는 사이트가 많이 있기 때문에 프로 만화가들은 모두 실직했을까요? 무료 소설 사이트 때문에 모든 소설가가 먹고살 수 없게 되었을까요? 그런 일은 생기지 않습니다.

초특급의 사람들은 살아남아 있습니다. 사라진 사람들은 그때까지 그럭저럭 활동해온 중간의 사람들입니다. 그 대신 무료로 사람들을 웃게 하거나, 만화를 그리거나, 소설을 쓰는 자원봉사자가 그야말로 수백만 명이 생겨났습니다. 무료로 맛있는 레시피를 제공하는 무명의 할머니, 재미있는 만화를 SNS에 올리는 학생, 얼마든지 마음대로 사용하라며 일러스트를 무상으로 공개하는 사이트까지 무료로 일하는 사람들의 선의가 본래대로라면 돈을 받을 수 있었을 사람들의 일자리를 자꾸 빼앗아 가는 것은 아이러니라고 밖에 말할 수 없습니다.

'중간은 필요 없다'라는 것은 그런 것입니다.

지금까지 돈을 벌고 있었던 콘텐츠나 서비스가 무료가 되어 가는 것만이 아닙니다.

인간관계에서도 이런 경향이 강해지고 있습니다. 남자친구나 여자친구도 마찬가지입니다.

'저렇게 귀엽고 착한 사람이 여자친구였으면 좋겠어요'

'저렇게 신경을 써주는 잘생긴 꽃미남이 남자친구면 좋겠어요'

이런 조건에 해당되는 사람들은 앞으로도 계속 인기가 있을 것입니다. 연애나 결혼의 대상으로 많은 사람의 구애를 받을 것입니다. 하지만 모두가 부러워하는 남자친구, 여자친구와 사귈 수 있는 사람은 한정되어 있습니다.

그럼 자신이 꿈꾸던 남자친구, 여자친구와 사귈 수 없는 사람은 '그럭저럭' 평범한 남자친구, 여자친구와 타협해서 사귈까요?

자신의 귀중한 시간과 돈을 들이고, 열심히 노력해서 결국 '그럭저럭' 평범한 수준의 상대와 사귈 수밖에 없다……. 인터넷을 보면 잘생긴 아이돌이나 연예인이 넘쳐나는데, 그런 '가성비가 안 좋은' 상대와 사귀고 싶겠습니까?

지금은 아직 아이돌이나 애니메이션에 빠져있는 사람을 보고 '저 사람은 인기가 없어서 그래'라고 생각하기도 합니다. 하지만 가상의 퀄리티가 향상되어 가면 '어중간한 진짜보다 훨씬 좋다'는 생각이 퍼져가지 않을까요?

우리는 동네에 있는 이름 없는 라면 가게의 맛을 잘 알지 못합니다. 하지만 이치란이나 잇푸도 같은 유명 라면 가게의 맛은 편의점

컵라면을 통해서라도 잘 알고 있습니다. 마찬가지로 친근한 진짜 섹스라든지 연애라든지 친구 관계를 몰라도, 무료로 만날 수 있는 가상의 인간관계가 더 좋아지는 것은 아닐까요?

이것은 가난하기 때문에, 인기가 없기 때문에, 대용품으로 참는다는 개념이 아니라고 생각합니다. 돈에 여유가 있다면 현실 세계의 사람과 사귈 것인가 하면, 그것보다 고품질의 가상 연인을 요구하게 되겠지요.

어떤 아이돌을 좋아한다면 라이브를 더 가까이에서 가상 체험할 수 있는 티켓이나 대기실에 들어갈 수 있는 권리, 그런 것을 요구하게 되지 않을까요?

모든 개인이 절대적인 영향력을
다른 사람에게
행사할 수 있는 시대

저는 《평가 경제 사회》라는 책에서 다음과 같이 현대 사회를 묘사
했습니다.

> 우리는 고도 정보화 사회라고 하면 '여러 종류의 정보가 넘치는 사회'라
> 고 생각해 버립니다. IT나 인터넷 관련 책을 읽어도 '온 세상으로부터 정
> 보가 모여 그중에서 좋아하는 것을 선택할 수 있다'라고 하는 즐겁지만
> 무책임한 이야기가 실려 있습니다.
>
> 그러나 정보화 사회의 본질은
>
> '전 세계 작은 사건의 객관적인 정보까지 얻을 수 있는 사회'가 아닙니다.
>
> **'큰 사건의 해석이나 감상이 무한히 쏟아지는 사회'입니다.**
>
> ……
>
> 따라서 모든 미디어는 '가치관에 영향을 주는 장치'입니다. 우리는 태어

나자마자 어머니와 주변 사람들로부터 영향을 받습니다. 그것은 '예의범절'이나 '교육', '상식', '교양'과 같은 말로 표현되는 개념의 집합체입니다.

그러나 직접적으로 말로 하는 것보다 훨씬 효율적이고 대규모로 작동하는 장치가 과학에 의해 발명되었습니다.

근대에 탄생한 거대하고 효율적인 영향 장치, 그것이 바로 '매스 미디어'입니다. 하지만 이제는 그것도 크게 달라지고 있습니다. 메일, 블로그, 트위터와 같은 쌍방향 발신의 인터넷이 매스 미디어를 대신해 큰 위치를 차지하고 있습니다.

지금까지 매스 미디어로부터 일방적으로 영향을 받아들일 뿐인 존재였던 일반인이 **처음으로 자신으로부터 불특정 다수의 사람을 향해서 자신의 의견을 말하는 시스템을 손에 넣은 것입니다.**

인터넷에서는 누구나 정보 발신자, 즉 영향을 '주는 쪽'이 될 수 있고 동시에 모두가 받는 쪽이기도 합니다.

모두가 사람에게 영향을 주기 위해 정보를 발신합니다.

정보를 받은 사람은 '정보'뿐만 아니라 '가치관'도 함께 영향을 받습니다.

그 결과, 영향을 받은 사람은 영향을 준 사람을 평가합니다.

'평가'와 '영향'이 서로 교환되는 사회.

저는 이것을 '평가 경제 사회'라고 이름 붙였습니다.

새로운 사회의 경쟁, 그것은 '얼마나 유명해질 수 있는가', '얼마나 높은 평가를 받을 수 있는가'입니다. 그것은 과거 언론만이 할 수 있는 일이었습니다.

그러나 이제는 그 경쟁이 우리 손에 맡겨져 자유경쟁이 되었습니다. 그 도구는 '인터넷=디지털 혁명'입니다.

인터넷은 지금까지 매스 미디어의 특권이었던 영향/평가 시스템을 일반 시민에게 개방합니다. 그것은 농업사회 족장의 특권이었던 식사의 보증을 개방한 것과 같습니다.

……

'기술은 권력자의 특권을 시민에게 개방한다.'

이것이 원칙입니다.

그러니까 '인터넷의 힘이 권력자의 특권인 영향을 시민에게 개방한다'라고 말할 수 있는 것입니다.

어떻습니까? 사실을 말하면 《평가 경제 사회》는 1995년에 출간한 《우리들의 세뇌 사회》의 개정판입니다. 30년 전의 저의 예측이 꽤 좋은 수준이었다고 생각하지 않습니까?

주의하실 것은 '권력자의 특권인 영향을 시민에게 개방한다'고 해도, 그것이 권력자가 영향을 잃는다는 것을 의미하지는 않습니다.

대표적인 예로, 미국의 트럼프 전 대통령은 예전이나 지금이나 정권의 사정 따위는 아랑곳하지 않고 스스로 트위터로 트윗을 발신해 국제 정치를 휘저었습니다. 영향력을 구사함으로써 권력을 높이고 있다고 볼 수 있습니다. 반대로 영향력을 능숙하게 행사하지 못하는 나라의 지도자 또는 국가는 다른 대세에 매몰되어 버립니다.

현재 주요국의 지도자들이 모두 '강한 캐릭터'를 가지고 있는 것은 우연이 아닙니다.

남보다 눈에 띄고 다른 사람에게 더 강한 영향력을 행사하려고 하기 때문입니다. 이런 싸움입니다. 크게는 국가에서, 작게는 유튜버와 학교의 교실, 직장까지 세계 모든 곳에서 이러한 일이 일어나고 있습니다.

요즘에는 '몬스터 페어런츠'라고 불리는 불합리한 요구를 학교에 하는 부모가 늘고 있다고 합니다만, 이것도 난세의 표현일지도 모릅니다.

저는 '몬스터 페어런츠'를 옹호하려는 것은 아니지만, 기존의 국가, 학교, 회사라는 구조가 망가지고 있는 것을 사람들이 어렴풋이 깨닫고 있는 것은 아닐까요? 국가, 학교, 회사라고 하는 틀은 아직 남아 있지만, 그 안에 존재했던 연결은 이미 없어지고 있습니다.

과거 집과 마을로 대표되던 혈연·지연의 대가족·커뮤니티는 붕괴되어 핵가족화가 진행되었습니다. 맞선과 같이 반강제적으로 결혼하는 구조도 사라져, 흩어져 있는 '개인'이 되어 갔습니다. 국가도 학교도 회사도 도와주지 않습니다. 불안이 가득한 사회에서는 뻔뻔하게 자기 주장을 하지 않으면 살 수 없게 되었습니다. 자아도 유지할 수 없습니다.

불안에 사로잡힌 '몬스터'들과 아직까지 기존 시스템이 작동하고 있다고 생각하는 사람들의 충돌, 그것이 '몬스터 페어런츠'를 만들어 내는 것이 아닐까요?

사회에 대한 분노나 불만을 품은 청년들이 사회를 바꾸려는 움직임은 지금까지 몇 번이나 일어났습니다. 미국의 히피 무브먼트나 일본의 안보 투쟁이 그러합니다. 사회의 불공정에 분노한 청년들의 에너지는 인터넷 커뮤니티와 같은 새로운 문화를 만들어 내는 것으로 이어졌습니다.

세계는 그런 분노와 불만으로 소용돌이치고 있습니다. 하지만 그 분노의 화살이 향하는 국가와 회사의 구조는 예전 같지 않고 흔들리고 있습니다. 지금의 움직임은 사회 변혁이라기보다 사회를 붕괴시키려고 하는 것처럼 보입니다.

우리는 아직도 국가라는 환상에 매달려 있고, 국가를 운영하는 사람들도 어떻게든 국가를 기능시키려고 애쓰고 있습니다. 하지만 이미 멸망은 시작되고 있습니다. 이렇게 가치관이 다양해지고 사람들이 흩어진 시대에 제대로 된 시스템을 정비해 1억 명을 돌보는 국가를 운영하는 것은 무리가 있습니다.

그런 시대에는 자신의 영향력을 높여 '국가'를 만들든지, 국가를 만들 사람을 따르든지 둘 중 하나입니다. 무엇보다 누구를 따를 것인지는 자유롭게 선택할 수 있지만 "기술을 발전시켜 더 나은 사회를 만들자!"라고 주장하는 사람이 있는가 하면, "일하지 않고 편하게 사는 것이 제일이다!"라고 주장하는 사람도 있을 것입니다. 선택은 당신의 몫이고, 당신이 국가를 만들어도 좋습니다.

'지금은 난세다'라는 자각을 갖는 것. 그 자각이 있는지 없는지에 따라 앞으로의 10년, 20년의 미래를 전망하고 살아 나아가는 데 있어서 '격차'가 되어갈 것입니다.

어떤 기술이 발전하려면 3단계의 과정이 필요하다

1985년부터 1990년에 걸쳐 개봉한 로버트 제머키스 감독의 〈빽 투 더 퓨처〉 시리즈는 세계적으로 큰 인기를 얻었습니다. 〈빽 투 더 퓨처2〉는 미래 세계가 배경이었지만, 영화에서의 미래가 2015년이 었습니다.

영화 속에 나오는 신발끈을 자동으로 조이는 스니커즈는 2017 년 나이키에서 발매되었고, 태블릿 컴퓨터, 3D 영화나 화상 회의는 현실이 되었습니다. 1985년에 사는 사람이 낙관적으로 예측한 30년 후에는 거리를 비행하는 자동차가 하늘을 날고 있었습니다.

〈빽 투 더 퓨처〉 시리즈는 저도 너무 좋아해서 매컷매컷마다 연 출을 이야기할 수 있을 정도입니다. 하지만 개봉 당시에도 "30년 후 에 차가 날고 있을 리가 없다"라고 생각하고 있었습니다. 왜냐하면 어떤 기술이 발전하려면 3단계의 과정이 필요하기 때문입니다.

대부분의 기술은 우선 연구자들이 '이론적으로는 이런 일도 할수 있다'라고 논문 등으로 발표하면서 시작됩니다. 연구가 시작되고 나서 10년 정도가 지나면 '어쩌면 실용화가 가능할지도 모른다'라며 실마리가 발견됩니다. 그리고 시간이 흐르면 '이제 남은 것은 비용 문제뿐이다'라는 식이 되고, 이후 10년 정도에 걸쳐서 사회에 보급이 되는 과정을 겪는 것이 대부분입니다.

컴퓨터만 해도 최초의 트랜지스터 원리가 발견된 것이 1947년이었고. 개인용 컴퓨터로 대성공을 이룬 '애플Ⅱ'가 시장에 출시된 것이 1977년이니까요.

미래를 예측할 때, 이를 근거로 두면 전망이 좋아집니다.

가상현실(VR)이나 증강현실(AR)에 대해서 이야기하면, 해당 기술은 발전의 마지막 단계에 진입하여 있습니다. 헤드 마운트 디스플레이는 그리 비싸지 않고, 스마트 콘택트렌즈에 영상을 비추거나 혈당도 모니터링할 수 있게 되었습니다.

향후 10년 정도의 미래를 예측하는 데 있어 가상현실과 증강현실을 전제로 하여 이들이 어떻게 사회의 가치관을 변화시킬지 예측하는 것은 당연할 것입니다. 인간의 반고리관을 자석으로 자극하여 평행감각을 조종할 수 있는 장치도 있으니까, 대규모 시설이 아니어도 굉장히 사실적인 체험을 얻을 수 있을 것입니다. 이 분야의 기술은 미래 예측에 포함해도 됩니다.

자율주행차도 그렇습니다. 모든 장소에서 자율주행이 가능한 '레벨5'는 무리라고 해도, 특정 장소에서 자율주행이 가능한 '레벨4'는 이미 실용화되었습니다.

하늘을 나는 자동차도 〈빽 투 더 퓨처〉가 만들어진 1985년에는 아직 실용화의 실마리도 없었지만, 최근 몇 년간은 여러 벤처기업에서 시제품 발표가 잇따르고 있습니다.

반면, "10년으로는 무리!"라고 하는 기술도 있지요. 〈도라에몽〉에 나오는 '어디로든 문'이나 '타임 머신'은 비용 문제는커녕. 기초적인 이론조차 성립되지 않기 때문에 30년 이내에 실현되는 것은 무리일 것입니다.

일반인을 위한 우주여행도 마찬가지입니다. 스페이스X가 재활용이 가능한 로켓을 개발하고 있어 위성 발사 비용은 점점 낮아지고 있지만, 인간을 저렴하게 대기권 밖으로 쏘아 올려주는 실용적인 수단은 아직 보이지 않습니다. 지표와 정지궤도를 오가는 '우주 엘리베이터'가 제안되어 카본 나노튜브를 건설 재료로 사용하면 실현할 수 있는 것이 아닐까 합니다만, 실용화의 목표가 섰다고는 도저히 말할 수 없습니다.

〈우주 소년 아톰〉과 같은 인공지능은 어떨까요? 인간이 말하는 자연언어를 사용하여 소통하고, 감정을 가지며, 자신의 의지로 행동하는, 그런 컴퓨터는 30년 안에 등장할 수 없습니다. '자아'나 '의식'이 무엇인지, 어떻게 하면 실현될 수 있는지에 대해서는 아직 기초적인 이론도 나오지 않은 상태이기 때문입니다.

다만 자아나 감정은 차치하고, '지성'에 관해서는 상당히 진보해 왔습니다. 딥마인드의 바둑 소프트웨어 '알파고'는 2017년 세계 최고의 기사에게 승리하였습니다. 그 후속인 '알파 제로'는 불과 몇 시간의 자기 대전을 반복해 학습하고, 체스, 장기, 바둑의 세계 챔피언 프로그램을 깰 정도로 강해졌습니다.

체스, 바둑, 장기 등의 게임은 '2인 유한 확정 완전 정보 게임'이라고 불립니다. 한마디로 두 명이 맞붙어 어느 한쪽이 이기면 다른 한쪽이 지고, 가능한 수가 유한하며, 상대가 둔 수를 알 수 있다는 것입니다. 이런 게임에서는 인간이 더 이상 컴퓨터를 이길 수 없다는 것이 확실해졌습니다. 포커와 같이 서로의 정보를 숨기고 승부하는 게임에 대해서도 인공지능 연구가 진행되고 있어, 카네기멜론대학교나 앨버타대학교의 인공지능이 세계 최정상의 플레이어를 이기게 되었습니다.

하지만 현실 세계는 승리의 조건이 분명하지 않습니다. 연애를 어떻게 하면 이기고 어떻게 하면 지는지를 정의할 수 있다면 쉽지만, 현실은 서로가 모두 행복하다고 느낄 수도 있고 서로가 모두 불행하다고 느낄 수도 있으니까요. 인간과 똑같이 사랑을 하는 인공지능은 아직까지 무리일 것입니다.

자연언어에 대해서 말하면 '기계 번역'이나 '음성 인식'의 정밀도는 해마다 높아지고 있습니다. 아이폰의 '시리'나 아마존의 '에코' 등의 스마트 스피커가 보급된 것으로 우리도 기계가 말을 거는 것에 대한 저항감이 많이 약해졌습니다.

이것은 과거 픽션에 등장했던 인공지능과 비슷한 것 같으면서 많이 다릅니다. 〈우주 소년 아톰〉이 그려진 무렵, 우리가 상상한 인공지능은 인간과 같은 자아와 의식을 가진 존재였습니다. 하지만 현실에서는 우리가 기계에 맞춰 말투를 바꾸는 습관이 붙기 시작하고 있습니다.

외국인이 길을 물으면 우리는 최대한 간단하고 쉬운 표현으로 상대가 알기 쉽게 설명하려고 하잖아요. 마찬가지로 우리는 컴퓨터가 해석하기 쉽도록 알아듣기 쉬운 말투에 유의하게 되었습니다.

〈우주 소년 아톰〉과 같은 인공지능은 가까운 미래에 어렵겠지만, 기계와 인간의 관계성이 급속히 진화하는 것 자체는 틀림없습니다. 조금 애매한 지시를 해도 인공지능이 소셜미디어의 데이터를 바탕으로 보완하여 그럴듯한 응답을 하는 것은 10년 안에 충분히 실현 가능할 것입니다.

10년 후 미래에는 이미 스마트폰의 '다음'이 보이기 시작하고 있을 것입니다. 어쩌면 그 본체는 물리적인 실체를 가진 디바이스가 아닐 수도 있습니다. 가상 인격을 갖춘 애플리케이션 같은 것이 클라우드인지 어딘가에 있어, 사용자의 친구처럼 행동할지도, 픽사 영화 〈인사이드 아웃〉처럼 성격이 다른 몇 개의 가상 인격과 두뇌 속에서 회의를 펼치게 될지도 모릅니다.

어쨌든 현재 기술의 연장선이라고 해도, 우리와 기계와의 관계는 충분히 터무니없게 될 것 같습니다. 이에 대해서는 다른 장에서 다시 고찰해보기로 하겠습니다.

제 2장

자신을
과장하는 시대

뉴스의 진실 여부는
중요하지 않다

1992년 7월 〈도쿄스포츠〉에는 특종이 하나 게재되었습니다.

"데이브 스펙터*는 사이타마 태생의 일본인이다."

"머리를 염색하고 안구의 색을 바꾸고 있다."

이런 것을 유언비어라고 해야 할까요. 물론 농담 같은 기사의 제목을 본 데이브 스펙터 씨 본인은 배를 잡고 웃었다고 합니다.

이와 관련해 2017년 2월에 방영된 NHK의 〈클로즈업 현대+〉에 게스트로 나온 호세이대학교 후지시로 히로유키 교수의 발언이 재미있었습니다.

---

* 데이브 스펙터는 일본에서 활동하는 미국인 작가 겸 배우이다.

"우리는 〈도쿄스포츠〉와 같은 잡지를 볼 때, '아, 또 〈도쿄스포츠〉구나……'하고 보는 것입니다."

이런 말을 당당히 방송에서 말해 버리는 〈클로즈업 현대+〉도, 그렇다고 항의조차 하지 않는 〈도쿄스포츠〉도 대단하지만, 사람들은 '패키지'에 의해서 메시지를 받아들이는 방법이 달라진다는 후지시로 교수의 주장은 재미있었습니다.

인간은 패키지에 따라 정보를 어떻게 받아들일 것인지를 판단하는 버릇이 있습니다.

"〈아사히신문〉이 말하고 있으니까 사실일 거야", "〈도쿄스포츠〉가 말하고 있으니까 거짓일 거야"라고 생각하는 사람이 있는가 하면, 반대로 "〈아사히신문〉이 쓴다는 것은 '왼쪽'으로 치우친 이야기 아냐?", "대형 미디어에서는 다룰 수 없는 이야기이기 때문에 〈도쿄스포츠〉에서 취재한 것이 아닐까?"라고 생각하는 사람도 있을 것입니다. 어쨌든 사람들은 패키지에 의해 메시지를 판단하고 있습니다.

하지만 이제 그 상식도 무너지고 있습니다.

취재 따위는 하지 않는 '뉴스 클립핑 사이트'나 수상한 뉴스 사이트들이 계속 늘어나고 있기 때문입니다. 이들은 사이트 클릭 수를 늘리고 광고 수입을 얻기 위해 일류 미디어가 운영하는 뉴스 사이트와 구분이 되지 않을 정도로 패키지를 잘 꾸며놓고 있습니다. 실제로 취재를 하는 비용에 비하면 좀 더 깔끔한 디자인을 위한 비용은 미미할 뿐입니다.

미국에는 〈Real.True.News.〉라는 페이크 뉴스만 게재하는 사이트가 있습니다. 일본에도 〈허구신문〉이라는 사이트가 있지만, 이곳은 확실히 '허구'를 주장하고 있습니다. 하지만 〈Real.True.News.〉는 언뜻 보면 제대로 된 뉴스 사이트로 보입니다.

도널드 트럼프와 힐러리 클린턴이 맞붙은 지난 2016년 미국 대선에서 〈Real.True.News.〉는 "비밀리에 행해진 여론 조사에 따르면 도널드 트럼프가 더 많은 지지를 받고 있다"라는 취지의 거짓 기사를 게재했습니다. 그랬더니 그 기사는 눈 깜짝할 사이에 수십 만회 리트윗되었고, '실제로는 트럼프 지지자가 더 많다. 하지만 너무 충격적인 결과이기 때문에 ABC, CBS도 사실을 숨기고 있다'는 꼬리까지 따라붙어 확산되었습니다.

성실한 뉴스 사이트가 이 내용을 반론하면, 페이크 뉴스를 믿는 사람들은 "그럼, 증명해봐!"라고 말합니다. 하지만 '그런 비밀 조사는 없었다'는 사실을 증명하는 것은 굉장히 어려운 일입니다.

미국 대통령 선거와 동떨어진 것 같은 동유럽의 마케도니아에서는 영어도 그리 유창하지 않은 청년이 페이크 뉴스를 양산해 큰돈을 버는 상황도 일어났습니다. 페이크 뉴스 사이트를 운영하는 청년은 어느 진영이 좋고 나쁘다 같은 것에 신경 쓰지 않았습니다. 어떻게든 모든 방법을 동원해 재미있는 뉴스를 양산하고, 오로지 접속자만 모았을 뿐입니다.

이 무렵부터 "페이스북과 구글은 페이크 뉴스를 배제하라!"라는 목소리가 사용자로부터 나오기 시작했습니다.

이에 대해 구글은 검색 알고리즘을 변경하여 악의적인 페이지가 표시되기 어렵게 하는 등의 대책을 강구하고 있지만, 동시에 "사실을 확인하는 것은 구글이 아니며 사용자가 충분한 정보에 근거에 판단할 수 있도록 제공하고 있습니다"라고 공고하고 있습니다. 한 마디로 "뉴스의 진위를 판단하는 것은 당신들입니다"라고 변명하고 있는 것이죠.

페이스북도 외부 미디어와 연계하여 팩트 체크를 진행하고, 수상한 것으로 보이는 기사에는 '경고 마크'를 붙이게 했습니다. 하지만 생각했던 것처럼 '경고 마크'가 제 기능을 하지 않자 2018년에는 아예 '경고 마크'를 떼어버렸습니다.

이 밖에도 글로벌 IT 플랫폼들은 페이크 뉴스를 어떻게든 방지하려고 노력하고 있습니다. 역시 구글이 운영하는 유튜브는 음모론 같은 동영상이 올라오면, 위키피디아의 관련 정보를 띄워 사용자들이 진위를 가릴 수 있도록 했습니다. 또한 위키피디아를 운영하는 위키미디어 재단은 클라우드 펀딩을 통해 전문 저널리스트가 사실을 확인하는 〈위키트리뷴〉이라는 뉴스 사이트를 개설하고 있습니다.

하지만 저는 '이것으로는 부족하다'고 생각하고 있습니다.

구글과 같은 주장을 하는 사람들은 "여러분이 스스로 정보를 모아서 판단해주세요"라고 말하지만, 그런 일을 할 수 있는 사람은 일부일 뿐이지 정보 소비자는 아닐 것입니다. 정보 소비자의 능력을 높여 페이크 뉴스에 의한 피해를 막자는 것은 원칙적으로 비현실적이지 않을까요?

오히려 "거짓말보다 진실을 믿어라!"라고 상대방에게 강요하는 것은 가까운 미래 사회에서 '매너 위반'이 될 수도 있습니다. "종교보다 과학을 믿어라!"라고 강요하는 것과 같으며, 오만까지는 아니더라도 모두에게 요구하는 것은 무리일 것입니다.

극단적으로 말하면 '뉴스의 진위 여부를 판단한다'는 것은 사람들에게 중요하지 않게 되었습니다. 페이크 뉴스를 받아들이는 것은 이미 하나의 '문화'가 되었기 때문입니다.

저는 '문화'가 항상 '진실'의 상위에 위치한다고 생각하고 있습니다.

인간에 관한 '진실'이란 다음과 같습니다.

"우리 인간도 동물이며, 본능에 따라 움직인다. 특히 시각 정보에 대한 의존도가 높아, 뇌의 처리 비용을 줄이기 위해 다른 사람을 외관으로 판단하고 있다. 누군가를 좋아하는 것도 외모의 첫인상에 의한 것이 크다."

이런 것일까요? 하지만 이런 너무 노골적인 진실은 누구도 듣고 싶어 하지 않습니다.

"나는 사람을 겉모습으로 판단하는 사람이 아니야!"
"진실한 사랑을 찾기 때문에, 아직 결혼하지 않은 것입니다."

이렇게 반론하고 싶어지는 것이 당연합니다.

그럼 그런 반론은 '거짓말'일까요? '진실'을 보고 싶지 않기 때문에 '거짓말의 허울'을 믿으려고 하는 것 아닐까요? 그렇지는 않다고 생각합니다.

우리는 '어떤 문화를 믿을 것인가'를 선택하고 있습니다. 자기 자신이 받아들이고 싶은 문화를 선택하고, 선택한 문화의 세계를 살고 있을 뿐입니다.

과장하는 문화가
세계를
움직인다

〈네호링 파호링〉이라는 NHK ETV의 토크 버라이어티 프로
그램이 있습니다. MC를 맡은 야마사토 료타와 YOU(에하라 유키
코)는 두더지 인형으로 출연하고, 게스트는 돼지 인형으로 등장해 진
심을 이야기하는 프로그램입니다. 그중에서 '위장 트위터 인기녀'라
는 에피소드가 있었습니다.

   게스트로 나온 사람은 '미나토구* 제멋대로 OL'이라는 트위터
계정으로 트윗을 올리는 여자로 "오늘은 이런 점심을 먹었습니다",
"남친과 이런 곳에 갔습니다", "남자친구가 아닌 남자가 집까지 바
래다 주었습니다, 이럴 때는 남자친구랑 못 만나니까 어쩔 수 없지

---

* 일본에서 가장 유명한 국제도시이자 대표적인 부촌이다.

뭐~" 같은 트윗을 이쁜 사진과 함께 올리고 있습니다. 하지만 이것은 모두 거짓입니다.

아무런 이득도 되지 않는데, 그녀는 왜 이런 트윗을 올릴까요? 이 여자는 간사이 지방의 시골 공장에서 사무원으로 일하면서 주목받지 못하는 삶을 살고 있다고 합니다. 하지만 그것으로 만족할 수 없기 때문에, 일상을 '과장하여' 트윗하고 여러 사람이 "대단하다, 부럽다"라고 말해줬으면 한다고 합니다. 이 여자는 다음 회에도 등장해 "지금은 남자친구와 함께 살게 되어 그런 욕구가 사라졌다"라고 말하며 해피엔딩의 반전을 보여줬습니다.

저는 이 여자가 일상적으로 하고 있었던 '과장하기'가 디지털 네이티브의 문화라고 생각합니다. 디지털 네이티브 세대는 SNS가 널리 보급된 인터넷 사회에서 태어나고 자라, 자신을 '과장하는' 것이 본능이 되었습니다.

작고 세련된 카페에서 도저히 다 먹을 수 없을 것 같은 생크림이 산처럼 쌓인 팬케이크를 주문하거나, 라멘 가게에서 토핑을 마구마구 추가하여 산 같은 라멘을 부탁하는 것처럼 말이죠.

이런 사람들은 주문한 음식을 먹고 싶어서 주문하는 것이 아닙니다. 이들에게 클라이맥스는 주문한 음식을 사진으로 찍어 SNS에 올리고 '좋아요'를 받을 때입니다.

그들은 왜 이런 일을 하는 것일까요?

그들은 자신의 세계나 인생을 '꾸미고 싶다', '과장하고 싶다'라는 마음을 가지고 있기 때문입니다.

선거를 통해서도 사회는 쉽게 바뀌지 않습니다, 조금 노력해서 공부나 일을 해도 학교나 직장에서 나의 위치는 바뀌지 않습니다. 사회도 자신도 변하지 않는다면 세상을 바꾸는 유일한 방법은 '과장하는' 것뿐입니다.

할로윈데이 코스프레를 하거나 파티를 유별나게 하는 사람들이 있습니다. 저는 그런 사람들은 특별한 사람들이라고 생각했는데, 아무래도 그렇지 않은 것 같습니다.

모여서 파티를 하는 모습을 보면 특별한 사람들처럼 보입니다. 하지만 개별적으로 보면 대부분이 특별한 사람이 되고 싶은 사람들입니다. 자신들이 얼마나 특별하게 보일까 고민하고, 취미 활동을 즐기는 사람처럼 보이고 싶은 '과장하는 남자'와 '과장하는 여자'만 있을 뿐입니다. 진짜 취미 활동을 즐기는 사람은 한 줌이나 될까요?

성공한 애니메이션도 마찬가지입니다.

2016년 큰 인기를 얻은 〈너의 이름은〉에서 가장 대단했던 점은 '현실의 풍경보다 더 아름다운 풍경'을 그린 것이라고 생각합니다. 실제 신주쿠보다 아름다운 신주쿠, 실제 나가노보다 아름다운 나가노. 그것이 '과장하고 있다'는 것입니다.

대만에는 '지우펀'이라는 관광지가 있습니다. 이곳을 찾는 관광객들은 대부분 밤이 되기를 기다립니다. 밤이 되고 불이 켜지면 지우펀은 〈센과 치히로의 행방불명〉의 무대가 되기 때문입니다. 지우펀에 방문하는 사람은 대만의 지우펀을 보는 것이 목적이 아닙니다. 〈센과 치히로의 행방불명〉의 현실판 같다며 사진을 찍고 SNS에 올리는 것이 목적이 되고 있습니다.

이미 이 세계는 사실보다 과장하는 것을 우선하게 되었습니다. 과장하는 현장에 자신이 함께하고 있는 것을 SNS로 공유하는 '과장하는 문화'가 자리 잡고 있습니다.

페이크 뉴스의 원리도 이와 비슷합니다.

페이크 뉴스 사이트의 운영자는 접속자를 끌어모아 광고 수입을 얻는 것이 목적이지만, 왜 이러한 사이트에 사람이 몰릴까요? 그것은 페이크 뉴스가 현실의 뉴스보다 더 재미있기 때문입니다.

버라이어티 프로그램에서 연예인이 이야기한 내용이 뉴스 클립핑 사이트에 게재되어 논란이 되는 경우가 자주 있습니다. 실제로 이야기한 내용이 왜곡되었다며 화를 내는 사람도 있지만, 대부분의 시청자들은 이제 예능 프로그램의 뻔한 이야기는 재미없어 합니다. 따라서 뉴스 사이트들도 '과장해서' 뉴스를 전해야 현실보다 재미있다고 생각하는 것입니다. 이것은 어쩌면 연예인들에게 페이크 뉴스가 경고하는 것으로 볼 수도 있겠지요.

"너희들 이야기는 이제 재미없어! 과장해! 남들보다 더!"

페이크 뉴스가 '광고 수익을 위해서 뉴스를 조작하고 있다'라고 생각하면, 이러한 디지털 네이티브적인 가치관을 파악하지 못한 것입니다. "하나하나 원래의 프로그램을 보고 팩트를 체크해!"라고 설교해봤자, 아무도 그런 시시한 일을 하고 싶어 하지 않습니다.

저도 책을 쓰거나 인터넷으로 이런저런 이야기를 전달하고 있기 때문에, 말꼬리를 잡혀서 "오카다 토시오는 이런 말을 하고 있었다"라고 인터넷 뉴스가 나오면 '민폐를 끼쳤구나'라고는 느낍니다. 하지만 이러한 흐름은 현대 사회에서 이미 문화가 되고 있다고 인식하고 있기 때문에 그 자체를 부정하고 싶은 마음은 생기지 않습니다.

현실 확장 고글로
사람은 보고 싶은 것만
보게 된다

최근 몇 년간 'AR' 또는 '증강현실'이라는 키워드가 유행하고 있습니다.

'포켓몬GO'에서는 스마트폰 카메라로 촬영된 현실의 풍경에 포켓몬이 합성되어 나타나는데, 이것이 아마 가장 간단한 방식의 '증강현실'에 해당될 것입니다.

마이크로소프트의 '홀로렌즈HoloLens'에서는 눈앞의 공간에 정보창을 띄우거나 컴퓨터그래픽으로 만든 피규어를 배치할 수 있게 되어 있습니다.

한층 더 발전된 디바이스로는 미국 실리콘밸리의 스마트 글라스 스타트업인 '아비건트Avegant'나 일본의 '픽시 더스트 테크놀로지Pixie Dust Technologies'가 망막 투영형 헤드 마운트 디스플레이를 개발하고 있습니다. 헤드 마운트 디스플레이의 카메라가 주변의 풍경을 촬영해 컴퓨터그래픽 등의 영상과 합성해 망막에 투영하는 것입니다. 망막에 직접 투영하기 때문에 근시나 원시인 사람도 안경 없이 선명하게 주위를 볼 수 있게 됩니다.

이런 제품들은 아직 연구 단계이기 때문에 투박한 외형을 가지고 있지만, 일반 안경과 다름없을 정도로 작고 얇아지면 시장에 받아들여지게 될 것입니다. 따라서 스마트폰 다음은 스마트 글라스가 될 것이라고 생각하는 사람들도 많습니다.

구글은 게임 개발자들을 위해 지도 서비스인 구글맵의 기능을 공개하고 있습니다. 따라서 현실의 지도를 무대로 한 게임도 쉽게 만들 수 있게 되었습니다.

장기적으로는 스마트 글라스가 아니라 스마트 콘텍트렌즈가 될 수도 있고, 시신경에 직접 신호를 보내거나 뇌에 장치를 삽입하게 될지도 모릅니다.

결국 다음 트렌드는 스마트 글라스나 증강현실이라는 이야기는 많이 듣는 이야기지만, 더 중요한 변화는 각각의 사람들이 '자신의 해석으로 세계를 본다'는 것이라고 저는 생각합니다.

'이 세계에 미소녀만 있었으면 좋겠다' 또는 '〈동물의 숲〉 같은 세상에 살고 싶다'라는 사람들에게는 있는 그대로의 현실을 보는 것보다 자신이 보고 싶은 세상을 보는 것이 훨씬 중요할 것입니다.

이것은 애니메이션 덕후나 아이돌 덕후가 현실 도피를 하는 것과는 조금 다릅니다. 스포츠를 좋아하는 사람은 원하는 시합을 현장에서 보고 싶을 것이고, 사업을 좋아하는 사람은 돈의 흐름이 눈에 보이면 재미있다고 느낄 것입니다.

스마트 글라스나 증강현실은 편리한 도구 또는 새로운 게임으로 그치지 않습니다. 이 세계의 현실을 단순한 '재료 중 하나'로 만들어버리기 때문입니다. 안경을 쓰면 자신이 보고 싶은 세계, '상상 속의 세계'가 펼쳐집니다.

지금은 현실의 세계를 '상상 속의 세계'로 바꿔주는 것이 기껏해야 페이크 뉴스 정도입니다만, '상상 속의 세계'가 주류가 된다면 어떨까요?

'현실'을 보지 않고 자기만의 세계에 갇혀 사는 사람들이 늘어난다? 사람과 사람 사이의 커뮤니케이션이 상실되어 무미건조한 사회가 된다?

그런 일은 생기지 않을 것 같습니다.

자신의 눈에 비치는 모든 인간이 미소년, 미소녀들이라면 우리는 타인에게 조금 더 상냥해지지 않을까요?

그렇게 '현실 보정'된 사회에서 사는 것이 사람들에게 행복이 될 것입니다.

"아니, 그건 환상이야. 그런 환상이 아닌 현실을 봐야 해!"

이렇게 반박하고 싶을 수도 있겠네요. 하지만 환상이 아닌 진짜 현실은 무엇일까요?

외출할 때, 우리는 옷을 입습니다. 깔끔한 슈트를 입고 있으면 샐러리맨처럼 보이고, 더러운 누더기를 걸치고 있으면 부랑자처럼 보입니다. 또한 너무 진한 화장을 한 사람, 굉장히 짧은 미니스커트를 입은 사람 등 우리는 사람의 옷차림을 보고 어떤 사람인지를 판단합니다.

그 사람의 '진짜' 현실이란, 맨몸의 상태일까요?

'환상을 벗겨내고 현실을 본다'는 것은 '길을 가는 사람들을 발가벗겨야 진짜 모습을 알 수 있다'고 주장하는 것과 마찬가지입니다.

이런 말을 하면, '바보 같다'라고 생각하십니까?

각자가
모두 다른 현실을
살아간다

지금의 세계는 인터넷을 비롯한 시스템에 의해 밀접하게 연결되어 있습니다.

애플의 아이폰만 봐도 그렇습니다. 실리콘밸리의 엔지니어가 설계하고, 중국의 업체가 조립하여, 세계에 판매하고 있습니다. 실리콘 밸리에는 세계의 똑똑한 사람들이 몰려들어 아이폰과 같은 물건은 물론 인터넷상의 플랫폼을 만들어 소비자들의 돈을 긁어 들이고 있습니다.

이러한 글로벌리즘 속에서는 머리가 좋은 사람들이 엄청난 이익을 얻을 수 있는 한편, 그렇지 않은 사람들은 별볼일 없는 삶을 살아갑니다.

좀 더 미시적인 차원에서 말하자면 학교에서의 인간관계도 그렇습니다. 소셜미디어는 아는 사람들끼리 연결되어 있기 때문에, 자칫하면 친구 관계부터 연애 사정까지 모두에게 고스란히 노출되어 버립니다. 스쿨 카스트의 주류에 속해 있는 사람들은 현실에서도 소셜미디어에서도 즐겁게 사는 반면, 그렇지 않은 사람들은 현실이나 소셜미디어에서도 소외감을 맛보고 즐길 수 없습니다.

경제적인 면에서도 사회적인 지위에서도 계층이 명확해지고 있어, 생활을 즐길 수 있는 사람과 그렇지 않은 사람의 격차가 벌어지고 있습니다.

백인 저소득층이 트럼프 대통령을 지지한 것도 당연한 일입니다. 진보적인 사람들은 "더 다양성을 높이자", "인종의 벽을 넘어 사이좋게 지내자"라고 말할 것입니다. 하지만 '자신들은 사회로부터 부당하게 배제되고 있다'라고 피해 의식을 느끼는 사람들에게 그런 말이 통할 리가 없습니다.

이만큼 격차가 벌어진 세계에서 모두가 납득 할 수 있는 해답은 없습니다. 각자가 보고 싶은 '현실'을 보며 즐겁게 사는 것이 훨씬 나을 것입니다. 애인이 없어서 주눅이 든다면, 모든 사람이 잘 생기고 이상형으로 보이는 안경을 쓰고 사는 것이 훨씬 행복합니다.

물론 세상을 살아가기 위해서는 최소한의 돈이 필요하고, 빈곤 상태에 있는 사람들은 '안경을 쓰고 즐겁게 살아라'라는 말을 들으면 분노할 것입니다.

하지만 가난하지도 부유하지도 않게 살아가는 사람 중에는 "상류층이 우리를 착취해 좋은 생활을 하고 있다" 또는 "내 삶은 전혀 행복하지 않고 비참할 뿐이야"라고 불만을 느끼는 사람도 많지 않습니까?

이런 비관적인 생각을 안고 사는 것보다, 각자가 원하는 환상 속에서 살아간다면 어떨까요? "모두가 같은 현실을 살아간다"가 아닌 "각자가 모두 다른 현실을 살아간다."

이것이 인류 모두의 희망이 아니겠습니까? 앞으로 10년, 20년 이러한 소비자의 요구는 멈출 수 없을 것입니다.

제 3 장

AI 유튜버가
독점하는 미래

아이들의
장래희망이 된
유튜버

유튜버를 꿈꾸는 아이들이 늘고 있습니다.

2017년 일본 FP협회가 실시한 '장래에 희망하는 직업 랭킹 톱 10'에 의하면 남자 초등학생의 희망 직업 6위가 유튜버(2016년 14위), 소니생명보험의 '중고생이 생각하는 장래에 대한 의식 조사 2017'에서는 남자 중학생이 희망하는 직업 3위가 유튜버로 조사되었습니다.

이미 인기 유튜버는 유명 연예인과 같은 유명세를 받고 있습니다. 1,010만 명의 구독자를 보유한 유튜버 하지메 샤쵸는 같은 사무실의 여성 유튜버와 열성팬 사이에서 양다리 교제를 하다 비난을 받게 되었고, 이후 사과 동영상을 공개하는 소동이 벌어졌습니다. 또한 히카루라는 유튜버는 자신의 인기를 이용하여 개인 주식화 서비스인

VALU*에서 개인 주식을 발행하고 먹튀를 하는 사건이 발생하는 등 많은 사건이 있었습니다.

"유튜버가 되어서 연예인처럼 인기를 얻고 싶다", "나도 유튜버가 될 거야!"라고 생각하는 사람이 아직 많습니다.

그렇다면 10년 후 미래에는 유튜버의 위상이 어떨까요? 지금보다 더 인기가 많아질까요?

---

* VALU는 개인이 'VA'라는 가상주식을 공개하고, 이를 공개시장에서 비트코인과 이더리움을 활용하여 매매할 수 있도록 한 서비스입니다. 개인이 주식회사처럼 주식을 발행하여 자금을 모으고, 투자자는 가상주식에 투자하여 수익을 올릴 수 있습니다.

블로그, 트위터, 유튜브로
미디어 수요가
충족되었다

10년 후 미래의 유튜버에 대해 말하기 전에, 먼저 '유튜브란 무엇인 가?'부터 생각해보도록 하겠습니다. 제가 볼 때, 인터넷 미디어는 크 게 세 종류로 나눌 수 있습니다.

첫 번째는 '블로그'입니다. 블로그는 기본적으로 텍스트를 기반 으로 하는 미디어입니다. 읽는 것으로 내용을 알 수 있다는 점에서 신문과 비슷하네요.

연예인의 블로그든 전문 블로거의 블로그든 블로그는 일단 자주 업데이트해야 합니다. 내용은 블로그 주인의 개인적인 일상이거나 뉴스에 대한 의견이기도 하지만, 어쨌든 어느 정도 고정된 독자층이 있고, 그 독자층의 관심을 만족시키는 미디어가 되고 있어 유행의 발 신처가 되기도 합니다. 이런 점도 신문과 많이 닮아있습니다.

두 번째는 '트위터'입니다. 트위터뿐만 아니라 많은 수의 이용자들이 짧은 글을 사용하여 발신한 내용을 흘러가는 타임라인으로 바라보는 그런 소셜미디어를 말합니다.

이런 유형의 미디어는 하나하나의 게시물에 큰 의미가 없습니다. 많은 글, 즉 타임라인을 바라보는 것으로 '지금 세상은 어떻게 되고 있을까?'라고 하는 흐름을 파악할 수 있습니다. 기존 미디어로 따지면 라디오에 가깝네요.

라디오 방송은 일을 하든 운전을 하든 무언가를 하면서 흘려듣는 경우가 많습니다. 옛날에는 라디오 방송에 얼마나 방송되었는지에 따라 유행가가 만들어졌습니다. 1970년대 심야방송의 전성기에는 라디오가 세상을 이끌었던 적도 있었죠. 그날 있었던 뉴스가 살짝 흘러들어오고, 듣고 있는 사이에 세상에서 유행하고 있는 것이 어떤 것인지 알게 됩니다. 그런 좀 가벼운 미디어가 라디오입니다.

우리가 트위터를 사용할 때도 '지금 어떤 게 난리가 났을까?'라는 관점에서 볼 때가 많잖아요? 하나하나의 트윗을 제대로 읽어 보는 일은 별로 없을 것입니다.

그리고 세 번째가 '유튜브'를 포함한 동영상 전달 미디어입니다.

블로그는 신문처럼 유행을 발신하는 미디어입니다. 트위터는 라디오처럼 세상의 유행을 파악하기 위한 미디어이고요. 그렇다면 유튜브는 기존 미디어로 말하면 무엇에 해당 될까요? 당연히 TV가 될 것입니다.

시청자들이 TV 채널을 선택하면 그다음부터는 수동적으로 콘텐츠를 받아들일 뿐입니다. TV 프로그램의 제작은 방송사에 독점되어 있었지만, 프로그램의 제작을 일반 대중에게 개방한 것이 유튜브입니다.

블로그, 트위터, 유튜브. 이 세 종류의 인터넷 미디어가 갖춰진 것으로 미디어의 수요는 거의 충족되었다고 볼 수 있습니다. 신문, 라디오, TV라고 하는 '20세기형 올드 미디어는 수명을 다했다'라고 하는 것은 지나친 말이지만, 완전히 낡은 것이 되어 버린 것은 사실입니다. 영향력이 아직까지 큰 것도 사실이지만, 새로운 정보를 발신하는 미디어는 이제 아닙니다.

지금부터 10년 전에 이미 블로그, 트위터, 유튜브가 등장했지만, 그 당시에는 "신문이나 TV는 필요 없다. 인터넷만으로 충분하다"라고 말하는 사람은 소수파였습니다.

지금은 어떨까요?

혼자 사는 청년 세대의 방에는 TV도 라디오도 없고, 신문 따위는 구독하지 않습니다. 스마트폰으로 블로그와 뉴스 사이트를 읽고, 트위터의 타임라인을 바라보며, 심심풀이로 유튜브를 찾아봅니다. 그들이 돈이 없어서 그러는 것이 아닙니다. 스마트폰만 있으면 그들의 요구를 충족시키는 미디어에 바로 접속할 수 있기 때문입니다.

"신문을 읽지 않으면 뒤처진다"라든지 "TV와 라디오가 없는 생활을 상상하기 어렵다"든지 하는 사람들도 아직 있을 것입니다. 그렇지만 지금은 "인터넷과 스마트폰만 있으면 된다"와 "신문, 라디오, TV는 아직까지 필요하다"의 비율은 반반 정도가 아닐까요.

지금부터 10년이 지난 미래에는 신문, 라디오, TV의 영향력은 한층 더 약해져 비주류 미디어가 되었을지도 모릅니다.

10년 후 미래에는 외국어 공부가 필요 없어진다

유튜브는 생각을 내려놓고 즐기는 TV의 진화형입니다.

채널을 돌리다 뭔가 재미있을 것 같으면 멍하니 보는 것이 TV라면, 유튜버들은 TV의 연예인들과 같은 포지션을 목표로 각자가 재미있다고 생각하는 것을 전달하기 위해 매일 노력하고 있습니다. 하지만 10년 후에는 현재 활약하고 있는 유튜버 누구 하나도 살아남지 못할지 모릅니다. "살아남지 못한다"는 것이 죽는다는 것이 아니라, 금전적으로나 인지도 차원에서 크게 성공할 가능성이 (제로는 아니더라도) 한없이 낮다는 뜻입니다.

지금 인기 있는 유튜버들은 대부분 10년 후에는 자취를 감추고, 새롭게 시작하려는 유튜버가 가뭄에 콩 나듯 드물 정도일까요.

왜 이렇게 말할 수 있을까요?

2016년 유튜브에서 피코타로*가 크게 히트한 것이 아직도 기억에 새롭습니다. 피코타로는 일본인이지만, 히트한 계기는 저스틴 비버가 트위터에서 리트윗을 한 것이었습니다. 이를 해외 뉴스 사이트에서 크게 다루면서, 일본어를 전혀 모르는 해외의 사람들까지 피코타로의 동영상에 푹 빠지게 되었습니다.

마찬가지로 고양이나 개의 동영상이라든가 운석이 낙하하는 충돌 영상 같은 것들은 외국어를 몰라도 우리는 해외의 콘텐츠를 즐기고 있습니다. 옛날 같으면 이런 영상들은 방송국에서 방송할 때까지 볼 수 없었을 것이지만, 지금은 트위터나 유튜브를 통해서 누구나 바로 볼 수 있습니다.

영상으로만 전해지는 콘텐츠라면, '그것이 원래 어느 나라에서 만들어졌는가?' 따위는 아무도 신경 쓰지 않습니다. 피코타로처럼 언어와 관계없는 예능이라면 세계 사람들이 즐길 수 있습니다.

"하지만 내용이 조금만 복잡해도 해당 언어를 알아야 즐길 수 있지 않습니까?"

---

* 파인애플맨으로 알려진 일본의 희극인으로 본명은 고사카 다이마오이다. 유튜브에 피코타로라는 이름으로 올린 'Pen-Pineapple-Apple-Pen'이 전 세계적인 인기를 끌었다.

그 상식을 무너뜨리고 있는 것이 기계 번역 기술의 진보입니다. 얼마 전까지는 기계 번역의 실수들이 유머의 소재로 사용되고 있었지만, 지금은 비즈니스 문서의 경우 번역자보다 압도적으로 빨리 번역할 수 있게 되었습니다. 기계 번역과 동시에 음성 인식 기술도 발전하고 있어 간단한 대화는 실시간으로 번역할 수 있는 앱도 등장하고 있습니다.

'아마존 에코'나 '구글 홈'처럼 스마트 스피커로 불리는 디바이스도 보급되고 있습니다. 거실에 놓여 있는 스마트 스피커를 향해 "코카콜라 주문해"라고 말을 걸면, 아마존에서 코카콜라가 배송됩니다. 이런 것이 현실이 되고 있습니다. 하지만 아마존이나 구글이 스마트 스피커를 통해 얻고 싶은 가장 큰 목적은 무엇일까요? 바로 언어 데이터의 축적입니다.

대부분의 스마트폰에는 음성 인식 기능이 탑재되어 있지만, 다른 사람들 앞에서 "오늘 일정 알려줘"라고 스마트폰에 말을 거는 것에는 저항이 있습니다. 하지만 집에 있는 거실에서는 다르죠. 기계에 말을 거는 거부감이 한결 줄어듭니다. 스마트 스피커를 사용하면 이전보다 더 많은 사람이 말하는 언어 데이터를 수집하기 쉬워지는 것입니다. 그렇게 언어 데이터가 쌓이면, 기계 번역이나 음성 인식의 정밀도는 더욱 높아집니다.

일본인들은 영어에 콤플렉스를 가지고 있어, 영어를 사용할 필요가 없는 사람들까지도 '영어 회화 공부는 꼭 필요해'라고 생각하곤 합니다. 하지만 10년 후에는 일부 사람을 제외하고는 외국어를 공부할 필요가 없어지지 않을까요.

10년 후에도 외국어를 공부하는 사람이 있다면, 그 이유는 '외국어적인 사고법을 알기 위해서'일 것입니다. '남자의 생각/여자의 생각을 알 수 있다'라고 하는 것처럼 '미국인의 생각', '이탈리아인의 생각'을 보다 깊게 이해하기 위해서 외국어를 배우는 것입니다.

하지만 여자의 생각을 잘 몰라도 여자와 이야기는 할 수 있듯이 미국인의 생각을 잘 모르더라도 기계 번역을 통해 미국인과 이야기하는 것은 가능하게 될 것입니다.

조금 벗어난 이야기지만 '미국인의 생각을 모른다', '이탈리아인의 생각을 모른다'라고 하는 문제도 머지않아 '퍼스널 에이전트'에 의해서 해결된다고 저는 생각하고 있습니다. 10년 후에는 어렵더라도, 20~30년 후 미래에는 해결되지 않을까요?

퍼스널 에이전트라는 것은 개인에게 할당된 비서 또는 호텔의

컨시어지와 같은 것이 생각하시면 됩니다.

SF 작가 호시 신이치의 《기묘한 이야기》 중 '어깨 위의 비서'라는 이야기에는 어깨 위에 놓인 앵무새 로봇이 나오는데요. 자신이 말하고 싶은 내용을 어깨에 있는 로봇에게 전하면, 로봇은 시간, 장소상황에 맞춰 변환한 이야기를 상대에게 전달합니다.

세일즈맨이 "XXX를 사"라고 로봇에게 말하면, 이 로봇이 상품의 내용을 자세하게 상대방에게 알려주는 거죠. 상대방 어깨에도 로봇이 있어 "XXX를 사라고 합니다"라고 요약해줍니다. "필요 없어"라고 상대가 말하면 로봇이 정중히 거절하는 문구로 만들어주고, 세일즈맨의 로봇은 그것을 번역해서 "필요 없다고 하네요"라고 요약해주는 것이죠.

어쩌면 30년 후에는 타인과 직접 이야기하는 스트레스가 가득한 일은 이제 아무도 하지 않을지도 모릅니다.

글로벌 경쟁에
내던져지는
유튜버

10년 정도의 기간을 두고 생각한다면, 기계 번역의 도움으로 언어의 벽은 점차 사라질 것입니다. 벽이 어느 정도 남아 있을지는 아마 언어나 내용에 따라 다르겠지요.

사용자가 적은 마이너 언어라면 그만큼 언어 데이터를 모으기 어렵기 때문에, 기계 번역의 정밀도가 높아지기 어렵습니다. 원어민 수로 보면 베이징어, 광둥어 등을 포함한 중국어가 약 13억 7,000만 명의 사용자로 압도적인 1위입니다. 2위는 영어로 5억 3,000만 명, 3위의 힌디어가 4억 9,000만 명, 4위의 스페인어가 4억 2,000만 명, 5위의 아랍어가 2억 3,000만 명, 6위의 벵골어가 2억 2,000만 명, 7위의 포르투갈어가 2억 1,500만 명, 8위의 러시아어가 1억 8,000만

명으로 뒤를 잇고 일본어는 1억 3,400만 명으로 9위입니다.*

　원어민이 1억 명 정도라고 해도 애니메이션과 만화와 같은 '풍부한 콘텐츠'라고 하는 이점이 있기 때문에 일본어의 기계 번역 정밀도는 점점 높아질 것입니다. 아마 10년 후의 일본인들은 "만화와 애니메이션이 있어서 다행이다!"라고 절실히 실감하게 되는 것은 아닐까요?

　반대로 강한 콘텐츠를 많이 갖고 있지 않은 언어의 원어민들은 어려움을 겪을 수도 있습니다. 스웨덴어는 원어민이 880만 명 정도이고, 외국인이 "스웨덴어를 꼭 배우고 싶다!"라고 열광하는 콘텐츠가 약하기 때문에 기계 번역의 우선순위는 낮아질 것 같습니다.

　언어의 벽이 사라져가면 유튜버들은 어떻게 될까요?

　국내의 유튜버들은 필연적으로 해외의 유튜버들과의 경쟁에 내던져지게 됩니다. 미국인 유튜버의 이해하기 어려운 텍사스 사투리가 한순간에 모국어로 번역된다……라고 하기보다는 미국인 유튜버가 유창한 모국어를 하는 것처럼 보인다는 것이 10년 후의 세계입

---

* 2019년 기준 한국어 사용자는 7,730만 명으로 세계 15위의 사용자를 기록하고 있다.

니다.

그런 세계에서 국내 유튜버는 어느 정도의 경쟁력이 있을까요?

지역 한정의 편의점 디저트 리뷰 같은 내용이라면 어쩔 수 없이 세계에서도 경쟁력을 갖출 것입니다. 그렇지만 10년 후의 세계에서 일본만의 상품이나 콘텐츠는 점점 줄어들 것이라 생각합니다. 기껏해야 1억 명을 타깃으로 한 상품, 콘텐츠라니 너무 어중간합니다.

미래에는 지금보다 '글로벌'과 '로컬'이 좀 더 심각하게 양극화될 것입니다.

어느 지방이나 그곳에서만 유통되는 지역 한정 '현지 상품'은 살아남지만, 이제 전국이라는 범위는 의미가 없어집니다. 제대로 된 사업가라면 국내에서만 파는 것보다 세계에 판매하여 돈을 벌자고 생각할 것입니다. 한편 세계적으로는 전혀 팔리지 않아도 오사카의 사카이시에서만 엄청난 인기를 얻는 지역 한정 판매 상품도 있을 것입니다.

콘텐츠도 마찬가지입니다. 《해리포터》처럼 세계적으로 인기를 얻는 영화는 계속 나올 것이고, 어떤 지방에서만 엄청나게 인기를 끄는 저예산 영화도 있을 것입니다. 하지만 어설프게 한 국가를 대상으로 하는 영화는 전혀 재미를 보지 못할 것입니다.

유튜브에서 광고 수입을 올리는 구조가 10년 후에 남아 있더라도, 그곳은 글로벌 경쟁이 치열하게 전개되는 경기장입니다.

일본인 유튜버도 재미있는 아이디어를 계속 떠올려 동영상으로 전송하는 사람이 있겠지만, 그 아이디어가 재미있을수록 빠르게 따라 하는 사람이 나오게 됩니다. 일명 카피캣**이라고도 하지요.

"재미있는 아이디어가 있으면 그대로 따라 해서 대박을 쳐주마!" 하고 호시탐탐 기회를 엿보고 있는 수십억의 인도인과 중국인을 비롯한 수많은 나라의 유튜버가 있는 것입니다. 젊은 세대뿐만 아니라 아이들도 할아버지, 할머니도 세계와 소통할 수 있습니다. 모든 것이 공평하게 비교되는 글로벌리즘 속에서 일본인은 76억 세계 인구의 한 줌에 불과합니다.

세계의 유튜버와의 경쟁이 시작되기 이전에, 아마 2~3년 안에는 국내 유튜버의 구성도 많이 바뀌고 있을 것입니다.

우리는 '유튜브는 누구나 동영상을 올릴 수 있는 서비스이기 때문에 무명의 일반인도 실력에 따라 충분히 경쟁이 가능하다'라고 순진하게 믿었습니다. 하지만 이렇게 인기 유튜버가 된 사람들이 잇달

** 잘나가는 제품을 그대로 모방해 만든 제품을 비하하는 뜻으로 사용되는 말

아 사건을 일으키면서, 무명에서 올라온 유튜버들에 대한 호감도는 현저하게 떨어졌습니다.

그래서 무슨 일이 일어나고 있을까요? 이미 어느 정도 인지도를 얻은 사람들이 유튜브에 진출하기 시작했습니다.

연예인이나 아이돌에게 있어 TV 출연이나 콘서트 같은 것들은 정말 특별한 무대입니다. 그런 기회를 잡고 활약할 수 있는 사람들은 강한 자부심을 갖고 있습니다. 하지만 연예인이나 아이돌이 TV 출연이나 콘서트장에서 활약할 수 있는 기회는 점점 줄어들고 있습니다. TV의 시청률은 계속해서 떨어지고 있고, 경연 프로그램에서 우승을 해봤자 위로 올라갈 수 없습니다. 운 좋게도 TV에서 조금 얼굴이 알려져도 안심할 수는 없습니다. 해당 프로그램이 중단되면 순식간에 활약할 장소가 없어져 버리게 됩니다.

연예인이든 아이돌이든 TV에 대한 집착은 적어졌고, 넷플릭스나 유튜브 등과 같은 인터넷 방송의 노출을 늘리기 시작했습니다. 앞으로 2~3년 안에 일반인 유튜버들은 연예인이나 아이돌 같은 유명인 유튜버들에 의해 밀려나게 될 것입니다.

그리고 앞에서 말한 것처럼 10년 안에는 국내 유튜버가 아닌 글로벌 유튜버, 헐리우드 배우나 세계적인 유명인 유튜버들에 의해 밀려나게 될 것입니다.

세계적인 지명도를 가진 유명인이 유튜버 시장에 가세하고. '재미있는 것들을 찾아 바로 따라 하겠다'며 기다리고 있는 수십억 명의 해외 유튜버. 게다가 아마존 정글에 살고있는 부족 사람들까지 매일 매일 아름다운 비경의 영상을 유튜브에 올립니다.

이런 레드 오션에서 국내시장을 목표로 하는 유튜버가 존재감을 나타내는 것은 조금 어렵지 않을까요?

인간 유튜버는
인공지능 유튜버에 의해
도태된다

앞으로 유튜버로 먹고살기가 어려워질 것이라고 제가 생각하는 또다른 이유가 있습니다.

그것은 유튜브 콘텐츠의 전달을 '실제 인물'이 하지 않아도 괜찮아지기 때문입니다. 우리는 유튜브 콘텐츠 전달을 살아있는 사람이 하는 것이 당연하다고 생각하지만, 그러한 상식은 이미 무너지고 있습니다.

최근 하나둘씩 자리를 잡기 시작하는 버추얼 유튜버는 그 예고일 뿐입니다. 컴퓨터그래픽으로 만들어진 캐릭터에 전달자의 표정이나 움직임을 반영하여 유튜브 등 인터넷 방송을 진행하는 것이 버추얼 유튜버입니다.

미소녀의 외모를 한 가상의 유튜버라도 그 캐릭터를 연기하는 실제 인물은 아저씨이기도 합니다. 예전 같으면 아저씨가 미소녀를 연기하고 있다는 것을 들키는 순간 팬들이 다 떠나갔을 것입니다. 하지만 방송 사고로 버추얼 유튜버를 연기하는 사람이 방송에 나와버려도, 이제는 그것을 재미있어 합니다. 현실 속에서 이미 '과장하는' 일에 모두 익숙해졌기 때문입니다.

현재 버추얼 유튜버는 인형과 같습니다. 가상의 '가면'을 쓴 사람이 연기를 하고 있는 것뿐이지요. 다만 이 분야의 기술은 대단한 속도로 발전하고 있기 때문에 인공지능이 사람 대신에 유튜버가 될 날도 그리 멀지 않았다고 생각합니다.

인간 유튜버는 콘텐츠 생산에 한계가 있습니다. 아무리 열심히 노력한다고 해도 인간이 만들 수 있는 콘텐츠 수는 하루 4편 정도가 한계지요. 하지만 인공지능이라면 지칠 일도 없기 때문에 365일 24시간 계속 콘텐츠를 생산할 수 있습니다.

그 결과 어떤 일이 일어날까요?

'인공지능 유튜버가 살고있는 세계' 그 자체를 제공하는 오락이 새롭게 탄생한다고, 저는 지켜보고 있습니다. 아니, 이제 유튜버가 아니네요. 전송 플랫폼으로 반드시 유튜브를 사용할 필요도 없으니까요.

중세 유럽풍의 판타지 세계이거나 SF 분위기의 미래 도시 같은 가상 세계가 인터넷상에 구축되어 있고, 현실과 똑같은 디테일로 그려진 세상 속에는 꽃미남, 미소녀 캐릭터와 몬스터가 살고 있습니다. 가상 세계의 인공지능 캐릭터는 매일매일 어쩌면 1시간에 한 번, 1분에 한 번씩의 빈도로 자기 프로그램을 생산할 것입니다.

우리는 가상 세계에 로그인하고 가상 캐릭터가 생활하고 있는 모습을 보는 것이 삶의 보람이 될지도 모릅니다. 이런 아름답고 두근거리는 세계에 비하면, 현실이란 '잘 만들어지지 않은 서브 세계'에 지나지 않기 때문이죠.

정리하자면, 향후 몇 년 안에 유튜버의 주류는 유명인 중심으로 재편될 것입니다. 10년이라는 시간 동안 언어 장벽이 무너지면 글로벌 유튜버에 의해 국내 유튜버들은 도태되기 시작하겠죠. 그리고 10년 후 미래에는 인간 유튜버는 인공지능 유튜버에게 도태될 것입니다.

SF 영화 〈터미네이터〉에서는 사이버다인 사가 만든 안드로이드가 인류를 무력으로 제압하지만, 그런 미래는 일어나지 않는 것이 아닐까요?

인류는 아마 인공지능에 의해 지배될 것입니다. 하지만 그것은 무력에 의한 것이 아닙니다.

그들의 무기는 '재미'이기도 하고 '귀여움'이거나 '매일 100회 업로드하는 부지런함'이기도 합니다. 인류에게는 불가능한 안정된 매력과 진격 속도로, 우리 일상생활에서 흥미와 관심을 빼앗아 가는 것이죠.

이렇게 되면 '인공지능이 지배한다'는 말은 적절하지 않을 수 있습니다. '인공지능이 인간의 팔로워를 독점한다'는 말이 적절하지 않을까요?

우리는
최신 콘텐츠 이외에는
관심이 없다

지금까지 우리는 유튜버의 미래에 대해 이야기했습니다.

"유튜버가 어떻게 되는지는 알겠는데, 영화나 드라마는 어떻게 될까요?"

현재 넷플릭스나 아마존 같은 플랫폼 기업들은 막대한 자본을 들여 영상 콘텐츠를 사모으고, 나아가 오리지널 콘텐츠도 계속해서 늘리고 있습니다. 넷플릭스는 2018년에만 80억 달러의 예산으로 700편의 오리지널 영화와 드라마를 만들었다고 합니다.

2017년까지는 넷플릭스가 점점 거대화되면서 모든 것을 삼키는 것처럼 보였지만, 2017년 말 디즈니가 20세기폭스(영화, TV, 엔터테인먼트 부문)를 인수하면서 동영상 전송 서비스인 디즈니+를 선보이게 되었습니다.

그렇다면 승리하는 것은 넷플릭스, 아마존, 디즈니 가운데 어디일까요?

저는 어디인가 한 회사가 콘텐츠를 쌓아놓고, 영화나 드라마를 보고 싶은 사람 모두와 계약하는 독점 상황은 되지 않을 것으로 생각합니다. 그렇기보다는 10년 후에는 콘텐츠를 쌓아놓고 양으로 승부하는 전략 자체가 낡아 있지 않을까요.

지금 제가 '니코니코 생방송*'으로 매주 라이브 방송을 진행하고 있으니까 감각적으로 느끼는 것이지만, 지금의 영상 콘텐츠는 아무래도 과거보다 좋아지고 있습니다. 물론 과거 콘텐츠들도 재미있는 것이 많지요. 저도 가끔 과거 방송을 다시 송출할 때가 있는데, 시청자들이 재미있어하더라고요.

하지만 과거의 아카이브가 아무리 많이 있어도, 그것을 모두가 보는가 하면 그렇지는 않습니다. "이런 재미있는 콘텐츠가 있었습니다"라고 '지금'의 콘텐츠에서 소개하지 않으면 보지 않습니다.

---

* 일본의 스트리밍 서비스. 한국의 아프리카TV와 유사한 방식으로 서비스되고 있다.

비디오 플레이어가 보급되기 전까지 TV에서 방영되는 프로그램은 그때가 아니면 볼 수 없었습니다. 주말의 명화가 TV로 방영될 때는 화면 앞을 지켜야 했습니다. 이후 비디오와 DVD가 보급되면서 영상 콘텐츠는 차례차례 패키지화되어 새로운 산업으로 성장했습니다. "옛날에 봤던 명작 영화를 여러 번 볼 수 있어!"라고 환호한 영화 팬들도 많았겠죠.

이제 넷플릭스나 아마존에 가입하면 언제든지 옛날 영화를 볼 수 있습니다. 그럼 시청자들은 옛날 영화만 보는 걸까요? 동영상 전송 서비스에서 인기가 있는 것은 새로 만들어진 오리지널 콘텐츠입니다.

지브리 스튜디오의 애니메이션처럼 계속해서 인기를 유지하고 있는 작품도 물론 있습니다. 하지만 〈천공의 성 라퓨타〉의 지상파 방영이 지금도 시청률을 얻을 수 있는 것은 콘텐츠 그 자체라기보다, 모두와 함께 "바루스!!"라고 트윗하고 싶기 때문이 아닐까요?[**]

아무리 재미있는 작품이라도 '지금' 내 눈앞에서 방영되지 않는다면, 우리가 관심을 갖는 것은 '최신' 콘텐츠뿐입니다.

[**] 2011년 12월 9일 밤 9시에 닛폰TV에서 〈천공의 성 라퓨타〉를 방송했는데, 이 단어가 나오는 순간 트윗이 초당 14,954개의 속도로 올라와 트위터 공인 신기록을 세웠다.

'최신작밖에 보지 않는다'는 경향은 점점 더 강화되고 있으며, 10년 후에는 더 현저해질 것입니다.

〈천공의 성 라퓨타〉의 지상파 방영처럼 대형 미디어가 과거 콘텐츠를 재방송하면 나름대로 화제가 되겠지만, 더 이상 인기 콘텐츠의 주류가 아닙니다.

콘텐츠 산업에 있어서 앞으로 중요하게 되는 것은 '지금 출시된 지 얼마 안 된 새로운 콘텐츠'를 얼마나 효율적으로 전달하는가 하는 것입니다.

앞서 동영상 전송 서비스는 독점 체제가 되지 않는다고 말한 것은 이런 의미입니다. 과거의 콘텐츠로 아무리 무장해봤자, 시청자를 획득하는데 있어서 그다지 의미가 없습니다. 그보다는 차례차례 새로운 콘텐츠를 만들고, 전달할 수 있는 서비스에 사람들이 이끌려 가게 될 것입니다. 궁극적으로 저는 그것이 인공지능 유튜버에 의한 가상 세계 실황 중계가 아닐까 하는 생각을 하기도 합니다.

지금도 넷플릭스나 아마존은 오리지털 콘텐츠 제작에 엄청난 예산을 투입하고 있습니다. 넷플릭스는 TV 앞의 시청자가 스토리의 전개를 선택할 수 있는 실험적인 작품도 내놓고 있습니다. 어떻게 보면 이건 게임에 가깝죠.

재미있고 새로운 작품을 차례차례 출시하여 '최신작' 이외에는 흥미가 없는 시청자를 끌어들이려 하는 넷플릭스의 목표와 방향을 알 수 있습니다. 다만, 10~20년 후 시청자가 흥미를 가질 콘텐츠가 현재 영화와 드라마의 연장선상에 있을지는 아무도 알 수 없습니다.

현재는 게임의 제작 예산도 몇천억 원 규모로 커졌습니다. 〈젤다의 전설, 야생의 숨결〉처럼 가상 세계를 통째로 만들고 그 안에서 유저들이 놀게 하는 게임이 전 세계적으로 인기를 끌고 있습니다.

미래에는 넷플릭스나 아마존 같은 동영상 전달 서비스가 게임을 만들지도 모르고, 게임회사가 영화적인 연출을 도입하여 가상 세계를 진화시켜 나갈지도 모릅니다. 또 인공지능 기술에 주력하고 있는 구글이 인공지능 유튜버를 유행시킬지도 모르죠.

어쨌든 10~20년이 지난 시점에 승부를 결정하는 것은 영화나 드라마 등의 콘텐츠를 쌓는 것도 아니고, 그 시점에서의 '최신작'을 얼마나 잘 제공할 수 있는가에 달려있을 것입니다.

제4장

아이돌은 새로운 시대의 귀족이 된다

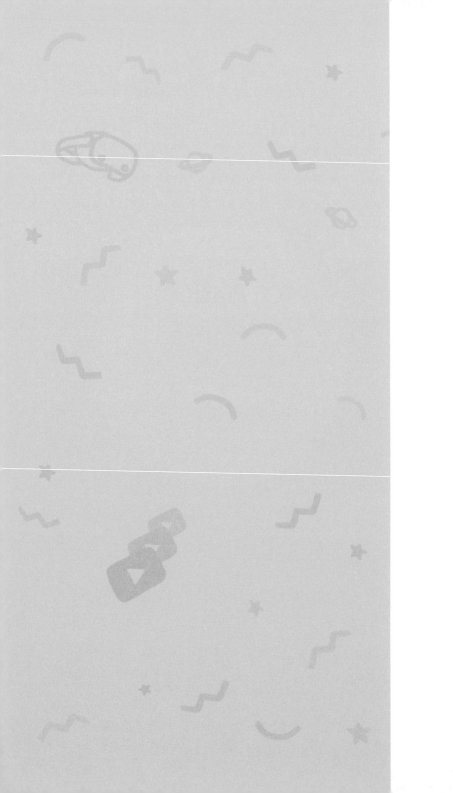

아이돌 문화의
변질

유튜버의 미래에 관하여 저는 "지금의 유튜버 시장은 2~3년 안에 아이돌과 연예인 등 유명인에게 밀려난다"고 예측했습니다. 그러면 아이돌 자체는 앞으로 어떻게 될까요?

일본에서 아이돌 문화가 확립된 것은 1970년대입니다. 영화에서 압도적인 존재감을 보이던 '스타'가 아닌 미성숙하거나 친근한 이미지를 내세운 아이돌이 등장하면서부터입니다. 개인 아이돌이었던 미나미 사오리와 소규모 그룹형 아이돌인 캔디즈의 등장을 시작으로 볼 수 있겠네요.

오냥코클럽의 등장 이후 일본의 아이돌은 대규모화되어 모닝구무스메, AKB48과 같은 거대한 아이돌 패밀리를 구성하게 되었습니다. 지금 연예계에서는 아이돌을 제외한 그 밖의 연예인들은 활약할 곳이 없을 정도입니다. 게다가 〈러브 라이브!〉나 〈아이돌 마스터〉처럼 게임이나 애니메이션을 통해 탄생한 아이돌 그룹도 대단한 존재감을 보이고 있습니다.

아이돌 문화가 1970년대부터 시작했다고 생각하면 벌써 50년이 지나 한 세대를 넘어가고 있기 때문에, 아이돌 문화도 크게 변질되었고 사람들이 아이돌에게 요구하는 것들도 바뀌고 있습니다.

2012년에는 AKB48 사시하라 리노의 섹스 스캔들이 주간지에서 폭로되자 HKT48로 이적하였고, 2013년에는 역시 섹스 스캔들로 AKB48의 멤버 미네기시 미나미가 삭발한 채 사죄 동영상을 올리는 일이 있었습니다. 또 2017년 6월의 AKB48 선발 총선거에서는 스토 리리카가 결혼을 발표하였고, 2017년 말에는 여고생 아이돌이 담당 매니저의 아이를 임신한 사실을 발표한 사건도 있었습니다.

이런 사건이 계속 일어나면서 "정말 환멸이 난다!", "프로 의식이 부족하다!" 또는 "아이돌도 젊은 여성인데 연애하는 것이 뭐가 문제냐?"라는 의견이 나오기 시작했습니다. 뭐 여고생 아이돌이 임신한 사건에서 가장 프로 의식이 결여된 것은 매니저이겠지만요.

저는 이러한 의견들이 굉장히 20세기적인 발상이라고 생각합니다.

유튜버에게 우리는 프로 의식 같은 것을 요구하지 않잖아요? 마찬가지로 연예계의 주류가 된 아이돌에게 프로 의식을 요구할 필요는 없습니다. 있으면 좋겠지만, 그것은 그 아이돌의 '개성' 중 하나일 뿐입니다. "저 아이돌은 프로 의식이 있어 멋있어!"라고 생각하는 팬이 있는가 하면, "저 아이돌은 아마추어 같은 점이 좋아!"라고 좋아하는 팬이 있을 수 있습니다.

지금까지는 방송국과 경연 프로그램 같은 거대한 자본이 투입된 시스템이 아이돌이라는 존재를 만들기 위해서는 반드시 프로 의식을 필요로 했습니다. 하지만 그 전제 조건부터 무너지기 시작하고 있습니다.

TV나 경연 프로그램에 나오지 않는 언더그라운드 아이돌은 프로모션부터 팬들과의 교류까지 모두 인터넷을 활동 거점으로 삼고 있습니다. 이러한 시대에서 TV나 경연 프로그램 무대를 전제로 한 프로 의식을 아이돌 모두에게 요구하는 것은 소용없는 일입니다.

아이돌이라는
메타 게임

"청순한 이미지를 내세워 돈을 벌어 왔는데, 갑자기 회사 관계자와 결혼한다는 것은 사기다!"

　이렇게 말하고 싶은 사람도 있을 것입니다. 그 기분도 충분히 이해합니다. 만약 기획사 측에서 사실을 알고도 숨겨왔다면, 계획 도산 같은 생각이 들 수도 있습니다. 하지만 법적으로는 죄를 물을 수 없습니다.

　애당초 우리가 아이돌을 응원하는 것은 일종의 '메타 게임'에 참여하는 것과 같기 때문입니다.

　트럼프 카드를 사용하는 '대부호'라는 게임이 있습니다. 게임의 룰은 간단합니다. 13장씩 받은 카드를 가장 먼저 사용한 사람이 이기는 게임입니다. 플레이어는 앞 플레이어가 사용한 카드보다 더 강한 카드만을 사용할 수 있고, 동일하거나 약한 카드는 사용하지 못합니다.

대부호 게임이 재미있는 것은 게임의 룰 자체를 바꿔버리는 다양한 로컬 룰이 존재한다는 것입니다.

"같은 숫자 카드 4장을 가지고 있는 사람에게 카드의 강약을 반대로 바꿀 수 있는 능력을 주면 재미있지 않을까?"

이것은 '혁명'이라는 이름으로 유명한 로컬 룰이지만, 이밖에도 수많은 로컬 룰이 있습니다. 지역마다 적용되는 로컬 룰이 다를 수 있고, 친구들 사이에서 새로운 로컬 룰을 만들어 전혀 새로운 트럼프 게임으로 바꿔버릴 수도 있습니다.

메타 게임이란 이렇게 어떤 게임의 틀을 넘어선 게임을 말합니다.

예전 같으면 아이돌을 응원한다는 것이 스타를 지향하는 미성숙하고 청순한 젊은이를 응원하고 그 사람을 위해 자신의 시간과 돈을 쓰는 게임이었습니다. 하지만 이제 아이돌이라는 게임의 규칙은 시시각각으로 변하고 있습니다.

'아이돌은 연애하지 않는다'라는 것은 옛날에는 확실한 룰이었습니다. 하지만 시대가 바뀐 지금은 낡고 무효한 룰이 되어버렸습니다.

지금 아이돌을 응원하고 있는 사람들은 이미 마음대로 고쳐 쓸 수 있는 규칙 위에서 플레이를 하고 있습니다. '계속 바뀌는 룰을 어디까지 따라갈 수 있을까? 빠져들 수 있을까?'를 즐기는 게임이 되고 있는 것입니다. 팬들은 '멤버의 결혼 사건을 받아들이고 게임을 더 따라갈 수 있을까?'를 시험받고 있습니다.

규칙의 변경이 좋다거나 나쁘다고 말하는 것이 아닙니다. 그런 게임을 즐기는 플레이어가 있는 한 그 게임은 존재할 가치가 있습니다.

현재 시점에서 아이돌이라는 게임의 룰은 다음과 같은 느낌일까요?

"아이돌은 환상이며 팬의 환상을 아이돌이 배신할 수 있지만, 그것까지 모두 받아들이고 응원한다."

아이돌도 이제 다양한 생각을 가지고 있습니다. '나는 아이돌이니까 절대 연애를 하면 안 돼!'라고 생각하는 아이돌이 있는 한편, '나도 사람인데 들키지만 않으면 괜찮지 않을까?'라고 생각하는 아이돌도 있습니다.

팬들도 마찬가지입니다. "저는 팬들만을 사랑합니다!"라고 말하는 아이돌을 진심으로 믿고 응원하는 팬이 있는 한편, "그 아이돌이 연애를 하더라도 나는 그것까지 응원한다!"라는 팬도 있습니다.

어떤 식으로 전개될지 모르는 게임 속에서 각자가 일희일비합니다. 이것이 아이돌이라는 메타 게임입니다.

아이돌로
남을 수 없게 된
SMAP

일본에서 절대적인 인기를 누리던 아이돌 문화도 큰 변화를 맞이하고 있습니다.

먼저 살펴볼 것은 2016년 팀 결성 28년만에 해체하게 된 일본의 국민 아이돌 SMAP입니다.

SMAP와 관련해 가장 기억에 남는 일은 NHK 〈홍백가합전〉 관련 일입니다. 방송으로 방영되지는 않지만 〈홍백가합전〉의 리허설은 사복으로 진행됩니다. 본 방송이 방영된 후에 출판되는 각종 잡지 등을 보면 본 방송의 의상은 물론 리허설에서 착용했던 사복까지 모두 확인할 수 있습니다. 아무리 인기 있는 연예인이라고 해도 사복 자체는 평범합니다. 굉장히 센스가 좋기도 하지만 일반인이 입어도 이상하지 않을 정도죠.

하지만 SMAP, 특히 기무라 타쿠야의 사복은 정말 대단했습니다. '평소에 그런 걸 입을 리가 없어'라고 생각되는 옷을 입고 리허설을 하고 있거든요. 저는 평소 쟈니스* 소속 아이돌을 주목하고 있지는 않지만, 이것에는 충격을 받았습니다.

SMAP가 다른 아이돌과 압도적으로 달랐던 것은 365일 24시간 완벽한 아이돌이었다는 점 같습니다. 아이돌의 원래 의미가 '상징' 또는 '우상' 같은 것이라면, SMAP은 바로 '멋지다'의 상징이었습니다.

기무라 타쿠야를 만난 사람들은 모두 한결같이 "저렇게 멋진 사람을 본 적이 없어"라고 이야기합니다. 하지만 본인 자신은 멋있다고 생각하거나 인기를 얻으려는 생각은 하지 않는 것 같습니다. 그렇게 생각하는 것 자체가 멋있지 않기 때문이죠. 그것이 아니라 그는 '항상 멋지게 존재해야 한다'고 생각하고 그것을 구현하려고 하지 않았을까요? 그러니까 사복으로 진행되는 리허설에서도 다른 아이돌과는 다른 멋진 모습을 보여줬다고 생각됩니다.

하지만 '멋지다'라는 것은 누가 이야기한다고 해서 알 수 있는 것

---

* 1962년 설립된 일본의 대표적인 연예 기획사

이 아닙니다. 어떤 옷을 입으면 좋은지, 이렇게 행동하면 웃길 수 있다 같은 노하우의 문제가 아닙니다.

모두에게 '멋지다'를 구현하는 상징으로 남는다는 것은, 그것을 스스로 의식해서도 안 되고, 이야기할 수도 없는 것입니다. 무언가의 상징이라는 것은 우리로서는 상상도 할 수 없을 만큼 힘들게 사는 것일지도 모릅니다.

SMAP 해체의 이유를 '기획사의 압력'이라든지 '구성원 간의 불화'처럼 간단히 생각하고 한때의 이야깃거리 소비하는 것도 좋지만, '상징적인 것의 갈등'이라는 식으로 파고들어 생각해보면 흥미로운 구조를 발견할 수 있습니다.

이와 관련하여 생각해볼 또 다른 아이돌은 '일왕'입니다.

아이돌과 일왕을 함께 다루는 것에 불편한 사람도 있겠지만, 제가 지금 말하려는 아이돌의 본래 의미는 '상징'입니다. 일왕도 2차대전 이전까지는 살아있는 신이자 군사를 지휘하는 실권을 가지고 있었지만, 전쟁 이후에는 헌법에 의해 '일본의 상징이자 국민 통합의 상징'이라는 불가사의한 입장이 되었습니다.

그것이 무슨 상징인지는 잘 모르겠지만 '어떻게 다뤄야 할지'에 대해서는 우리는 대충 알고 있습니다. 일왕이 취한 행동에 대하여 뉴스가 나오면, 그것에 대해 우리들은 '고맙다'라고 느끼는 관계가 구축되었습니다.

SMAP와 일왕을 같은 프레임으로 파악하면 '상징이란 무엇인가'에 대해 어렴풋이 알 수 있습니다.

우리는 정치나 사회에 불만이 있을 때 일왕에게 불만을 재기하지 않습니다. 재해의 이재민들에게 일왕이 "회복할 수 있는 날이 하루라도 빨리 오기를 염원하고 있습니다"라고 말해도. "좋은 말만 하지 마!"라고 불평하는 사람은 없습니다. 우리는 일왕이 가진 상징성을 무의식적으로 파악하고 있습니다. '불만을 일왕에게 말해도 소용없다'는 것을 잘 알고 있지요. 그리고 일왕도 정권을 비판하지는 않습니다.

아이돌에 대해서도 우리는 상징임을 알고 있습니다. 무슨 사건이 터지면 아이돌을 비판하는 것이 아니라 기획사를 욕합니다. 아이돌 스스로 의지를 가지고 행동하는 것이 아니라, 기획사 등의 영향력에 의해 컨트롤되고 있다는 것을 모두 알고 있으니까요. 아이돌도 소속사를 노골적으로 비판하지는 않습니다.

그런데 SMAP 해체 소동으로 SMAP 멤버들은 자신들의 의지를 분명히 밝혔습니다.

재미있는 것은 상징으로 기대했던 것과 조금 벗어난 행동을 아이돌이 취하면 카리스마를 지닌 '스타'가 된다는 사실입니다. 카리스마 넘치는 스타를 관리할 수 있는 기획사는 존재하지 않습니다. 따라서 SMAP 멤버들은 아이돌이라는 꼭두각시를 접고 스타가 되려고 한다는 해석도 가능합니다.

저는 상징적 일왕이라는 구조도 슬슬 한계에 봉착하고 있다고 느낍니다. 그렇다고 전쟁 전처럼 신격화로 돌아간다는 뜻은 아닙니다.

상징이라고 해서 하자는 대로만 할 수는 없습니다. 퇴위와 왕위 계승 문제에 대해 일왕이 자신의 생각을 표명한 것은 큰 충격으로 받아들여졌습니다. 어쩌면 일왕은 지금까지의 상징과는 다른 새로운 관계를 국민과 맺으려고 하고 있는지도 모릅니다.

SMAP의 해체 소동과 일왕의 계승 문제 등으로 우리는 '상징으로서의 아이돌' 시대의 종말을 보고 있는지도 모릅니다.

AKB48의 CD 불법 투기 사건도 그 연장선의 표현일 것입니다.

2017년 AKB48의 CD 585장을 산에 불법 투기한 혐의로 한 회사원이 불구속 입건되었습니다. 이 사건에 대해서 사시하라 리노가 "우리의 방식에 대해 제대로 생각해봐야 한다"라고 댓글을 달자, "그럼 CD에 악수권**을 붙이지 말라" 등과 같은 비판이 소셜미디어에서 논란이 되었습니다.

아이돌 프로그램을 운영하는 측에 통제된 아이돌이 운영자를 비판하는 것으로 해석될 수 있는 댓글을 답니다. 이것은 아이돌을 뛰어넘어 스타를 지향하려는 움직임으로도 보입니다. 다만 비난과 논란에 휩싸였다는 것은 아직 그녀에게 압도적인 카리스마가 부족했다는 것이겠지요.

하지만 지금까지 아이돌로 취급되어 온 사람들이 자신의 의지로 움직이려고 합니다. 스타성을 되찾기 위해 몸부림치는 것이죠. 이러한 움직임이 사회 모든 면에서 점차 확산 되는 것 같습니다.

** 자신의 좋아하는 연예인과 직접 대면하고 손을 맞잡는 일본 고유의 이벤트인 악수회에 참석할 수 있는 티켓

아이돌은
귀족이 된다

그럼 다시, 10년 후 미래에 아이돌 문화는 어떻게 변화할지에 대해 생각해봅시다.

"10년 후 미래에 유튜버는 어떻게 되나?"라는 질문에 저는 대부분의 국내 유튜버들은 생존하기 힘들 것이라 예상했습니다. 어설픈 연예인처럼 활동하는 유튜버는 살아남을 수 없습니다.

같은 논리를 아이돌에게도 적용할 수 있습니다.

아이돌을 응원하는 메타 게임을 즐기는 팬이 있기 때문에 아이돌로서 살아갈 수 있지만, 그 게임의 난이도는 점점 높아져 갑니다. 압도적인 카리스마를 얻어 스타가 되면 좋겠지만 어정쩡한 인기로는 경쟁에서 이기기 힘들 것입니다.

10년 후 미래에는 아이돌이 크게 두 종류의 아이돌로 나누어져 있지 않을까요?

하나는 '세습제 아이돌'입니다. 부모가 스타이거나 세계적으로 유명한 유튜버라서 태어날 때부터 아이돌로 살아가는 것이 당연하게 되어 있는 아이돌입니다.

우리는 지금도 유명인의 자녀들이 태어나 자라는 과정을 모두 미디어를 통해 지켜보는 세상에 살고 있습니다. 세습제 아이돌은 태어날 때부터 혹은 태어나기 전부터 화제가 되기 때문에 자신의 존재를 사회에 알리는데 있어 매우 유리한 위치에 있습니다.

또 하나는 '벼락출세형 아이돌'입니다. '연예 활동을 열심히 해서 인기를 얻는 것이 당연하지 않을까'라고 생각할지도 모릅니다. 하지만 노래와 춤을 열심히 연습한다고 해서 모두 아이돌이 될 수 있는 것은 아닙니다. 지금의 아이돌들도 프로 수준으로 피아노를 연주하거나 철학을 잘 아는 것을 장점으로 하고 있잖아요. 향후 이러한 경향은 더욱 심해질 것입니다.

아이돌을 목표로 해서 아이돌이 되는 것이 아니라, 어떤 분야의 일인자가 아이돌이 되는 것입니다. "소설로 아쿠타가와상이나 나오키상을 수상했다", "과학 분야에서 대단한 발견을 했다", "세계적으로 주목받는 스타트업을 창업했다", "테니스로 세계 제일이 되었다",

"팔로워가 100만 명인 초절정 인기인이다" 정도의 존재감을 보여주지 못하면 아이돌로 인정받지 못하는 것 아닐까요?

10년 후의 아이돌을 비유하자면 '영국의 귀족' 같은 것일지도 모릅니다. 영국의 귀족 중에는 귀족 가문에서 태어난 사람과 당대에 한정해서 작위를 받는 사람이 있는데, 아이돌도 이런 '신분'이 되어갈 것입니다.

앞으로 아이돌을 꿈꾸는 사람이 아이돌이 되는 것은 굉장히 어려울 것입니다.

이 책의 앞에서 저는 세계가 '전국시대'에 들어섰다고 썼습니다. 이것은 모든 사람에게 평등하게 기회가 주어진다는 의미가 아닙니다.

일본 전국시대의 무장들은 대를 이어 영주 집안에서 태어난 사람들입니다. 물론 밑바닥부터 올라온 괴짜도 있었지만 대부분의 전국시대 무장들은 그렇지 않았습니다.

과거에도 〈스타 탄생!〉이라는 오디션 프로그램이 있어서, 누구나 연예인에 도전할 수 있었습니다. 하지만 예선을 통과할 수 있는 사람들은 '역시!'라고 생각되는 사람들로 한정되어 있었습니다.

앞으로 유튜브나 여러 소셜미디어가 진화하여, 정말 어떤 사람이든 프로그램을 만들 수 있게 된다고 해도 주목을 받는 사람은 '역시!'라는 평가를 받는 사람일 것입니다.

'아이돌'이라고 표현했지만, 이것은 연예계라는 좁은 분야에 한정된 것이 아닙니다. 외모와 캐릭터, 가계에 의해 주목을 받는 사람이 귀족이 될 수 있는 새로운 신분 제도가 탄생하고 있는 것입니다.

제5장

아마존이 부동산으로 진출한다

농업 혁명과
산업 혁명이라는
패러다임 시프트

2016년 11월 아마존이 주문한 상품을 1시간 안에 배달해주는 'Prime Now'라는 서비스를 시작했습니다.

"아마존은 소매점들이 죽으라는 것인가!", "상점가가 망해간다!" 라는 비명이 여기저기서 나왔습니다. 하지만 저는 '아, 우리 동네는 Prime Now 서비스 대상 지역이 아닌가? 유감이군'이라고 태평하게 생각해버렸습니다.

최근 아마존의 서비스 전개는 대단한 기세입니다.

이에 반비례하여 서점이나 지역 상가, 슈퍼마켓 등의 폐점은 점점 늘고 있습니다. 이대로 전부 인터넷 쇼핑으로 바꾸어 버리는 것은 아닌가, 그런 위기감을 느끼는 사람도 있을 것입니다.

여기서는 우리 소비자와 아마존의 관계가 어떻게 되어 가는지에 대해 생각해보겠습니다.

결론부터 말하자면 이 흐름은 불가피합니다. 이것은 아마존뿐만이 아니라 인간의 역사를 되돌아보면 사회의 가치관이 크게 변화하는, 패러다임의 변화가 자주 일어났다는 점에서 알 수 있습니다.

역사를 거슬러 올라가면 우선은 농업 혁명이 있었습니다. 수렵 채집으로 살아가던 사람들은 농업이라는 기술을 발명하여 하루하루 살아가던 삶에서 벗어나게 되었습니다.

하루하루 살아가던 생활에서 자연은 인간에게 너무 불합리하여 도무지 이해할 수 없는 것이었습니다. 하지만 농경사회에 이르러서는 씨를 뿌리고 돌보면 열매를 수확할 수 있게 되었습니다. '다음 해에 사슴을 얼마나 사냥할 수 있을지' 모르는 사회와 '다음 해에 수확할 수 있는 밀의 양'을 예측할 수 있는 사회에서는 종교의 형태도 바뀌게 됩니다.

18세기 후반의 산업 혁명도 마찬가지입니다.

산업 혁명 이전의 사회에서는 모든 물건이 제각기 달랐습니다. 대부분은 자신들이 입을 옷을 직접 만들었습니다. 전문 장인이 주문받은 옷을 제작해주는 경우는 왕족과 귀족뿐이었습니다. 가구도 마찬가지였습니다.

산업 혁명은 이러한 사회의 형태를 전부 바꾸었습니다. 증기식 자동직물기 덕분에 집에서 만드는 옷보다 품질 좋은 옷들을 대량 생산하게 되었죠. 누구나 돈만 지불하면 좋은 옷을 구할 수 있게 된 것입니다. 장인이 만드는 맞춤 고급 옷의 수요는 여전히 있지만, 그런 옷도 돈만 있으면 살 수 있게 된 것입니다.

물건의 차이는 가격의 차이만 남았습니다. 더 이상 왕족이나 귀족이 아니더라도 돈만 있으면 원하는 물건을 살 수 있습니다. 그러한 세계에서는 군주제와 귀족제는 존속할 수 없습니다.

산업 혁명으로 물건을 대량 생산할 수 있게 되었을 뿐만 아니라 사회의 형태가 근본부터 바뀌어 버렸습니다.

우리는
낮은 가격과 편리한 구조를
이길 수 없다

그 뒤로도 여러 혁명이 일어나면서 우리 사회는 계속 바뀌고 있습니다. 그중 가장 큰 변화는 인터넷 혁명입니다.

'동네 상점이 망하는 것이 안타깝다', '인터넷 쇼핑이 다 좋은 것만은 아니다' 이런 생각을 할 수는 있지만, 사회 패러다임의 변화는 막을 수 없습니다.

과거 월마트라는 거대 슈퍼마켓 체인을 다룬 다큐멘터리 영화 〈WAL-MART: the high cost of low price〉를 본 적이 있습니다. 영화를 보면 월마트가 출점하면서 지역 상점이 줄줄이 망해가더군요. 하지만 월마트는 지역 상점 100곳이 망하더라도 그곳에서 일하는 사람은 겨우 수백 명뿐이지만 월마트는 1,000명 규모로 종업원을 고용하기 때문에, 그 지역을 활성화한다는 논리로 여러 지역의 정치인들을 설득하고 미국 전 지역으로 확장해 나갔습니다. 신규 출점한 월마트는 어마어마한 할인행사를 개최하지만 지역의 상점들이 다 망한 후에는 "세일 기간이 끝났습니다"라는 말과 함께 가격 인상을 시작합니다. 결국 지역의 상점들은 모두 문을 닫았고 사람들의 삶은 나빠져 갔습니다.

비슷한 상황은 존 래시터 감독의 애니메이션 영화 〈카〉에서도 그려지고 있습니다. 라디에이터 스프링스라는 지방 도시가 과거에 얼마나 많은 사랑을 받았는지, 거기에서 사람들이 어떻게 살았는지가 영화의 시작 부문에서 이야기됩니다. 하지만 편리한 고속도로가 생기면서 라디에이터 스프링스는 순식간에 쇠퇴합니다.

싸게 물건을 살 수 있는 월마트나 빠르고 편리한 고속도로를 사용하는 것으로 현지의 상점과 지방 도시가 쇠퇴합니다. 그에 따라 그곳에서 사는 사람들의 생활 또한 어려워집니다.

그럼 월마트나 고속도로, 자동차와 인터넷의 보급이 악惡인가 하면, 조금 다릅니다.

우리는 '낮은 가격'이나 '편리한 구조'에 저항할 수 없습니다. 자신의 생활이 어렵기 때문에 월마트, 아마존과 같은 편리한 구조를 사용하여 조금이라도 싼 물건을 사게 됩니다. 우리는 조금씩 가난해지고, 가난한 사람끼리 서로 발목을 잡으면서 살아가게 됩니다.

그 결과, 거대 자본의 기업만이 점점 성장하는 구조가 되고 있습니다. 1시간 이내의 배달을 아마존이 하지 않아도 다른 기업이 서비스를 제공할 뿐, 그 흐름 자체는 물이 위에서 아래로 흐르는 것처럼 불가피합니다.

인터넷을 이용한 편리한 서비스는 도시의 정의도 바꿀 것입니다. 도시는 '사람이 많아서 어수선하다'라는 이미지가 지금까지 있었지만, 앞으로는 'Prime Now와 같은 편리한 서비스의 대상 지역'이라는 것이 가장 중요한 사항이 되어 부동산 가격에도 반영되게 될지도 모릅니다.

특별의
추구에는
무리가 있다

최근 '지방 창생*'이라고 하는 캐치프레이즈로 '마을 부흥'이 활발하게 이루어지고 있습니다.

지방 도시의 독자적인 '귀여운 캐릭터'를 만들거나 각종 이벤트를 개회하면서, "이것이 지방 창생입니다!"라고 홍보하는 곳이 많아졌습니다. 하지만 저는 이것에 아무래도 위화감이 있습니다.

지방이나 시골 고향의 가장 큰 가치는 '평범하지만 나에게는 소중하다'라는 점입니다. 왜 다들 남다른 'Only One!'를 추구해야만 하는지요? '어디에나 있는 흔한 마을이지만, 내가 태어나고 자란 동네'라고 이야기해도 괜찮지 않습니까?

---

* 수도 도쿄에 인구 및 인프라가 집중된 현실을 시정하고 지방인구 감소 현상을 극복하기 위한 지방 활성화 정책

당신이 사귀는 남자친구나 여자친구는 반드시 특별한 재능을 지닌 사람이 아닐 수 있습니다. 하지만 "평범한 이 사람이 나는 싫지 않아요"라고 생각하며 결혼하는 경우가 대부분일 것입니다. 이것이 당연한 일인데도, 마치 그것이 포기로 받아들여집니다.

모두가 'Only One!'을 요구하면 모두가 힘들어집니다.

"특별히 미인/미남이다."
"특별히 연봉이 많다."
"특별한 개성이 있다."
"특별한 무언가를 가지고 있다."

알기 쉬운 '특별'은 'Only One!'이 아니고, 아무것도 아닌 단순한 지표입니다. 가장 싼 상품을 월마트나 아마존에서 사는 것과 다르지 않습니다.

그런 단순한 지표만을 지향하다 보면, 월마트에 밀려나 망한 상점들이 가득한 마을처럼 우리는 점점 더 살기 힘들어질 것입니다.

그럼 어떻게 해야 할까요?
'가난'을 받아들이고, '낮은 가격'과 '편리한 구조' 이외의 가치를 찾는 것이 하나의 답이 될 것입니다.

참고가 되는 것은 에도 시대입니다. 에도 시대를 다룬 책 등을 읽어 보면, 에도의 거리는 꽤나 풍요로웠습니다. 물질적으로는 넉넉하지 못하고 실업률도 무려 70~80퍼센트 정도로 높았지만 서민들은 나름대로 즐겁게 살았습니다.

대부분은 하루 벌어 하루 먹고 살다가 무슨 일이 생기면 적당히 일을 만들기도 했습니다. 이웃이 아이를 낳았다는 말을 들으면 찾아가 축가를 불러주거나, 축복을 내리는 신을 그린 의상을 입고 "축하합니다!"라며 흥을 북돋아줍니다. 그러면 그 집안의 사람이나 이웃들도 함께 기뻐하며 술값을 후하게 쳐주는 것이죠. 그렇게 돈을 벌면 당분간 일을 하지 않습니다. 그렇게 사는 사람이 꽤 있었던 것 같습니다. 가난하기는 하지만 '빈곤'은 아닙니다. 시골에서 이렇게 사는 것은 어려울 수 있었겠지만, 도시에서는 가난해도 잘 살 수 있었습니다.

10년 후 미래에는 지금보다 더욱 격차가 명확해질 것입니다. 아마존 등의 인터넷 서비스도 더욱 편리해지고, 그로 인해 망하는 상가와 황폐해지는 지방 도시가 늘어나는 것은 어쩔 수 없습니다. 편리한 도시에 사람이 집중되고, 거기에서 빈부의 격차도 점점 더 커질 것입니다.

하지만 가난하더라도 '지연地緣'을 만들 수 있다면 도시에서 잘 살 수 있습니다. 장사를 하더라도 친숙한 분위기에 지인들이 원하는 물건과 음식을 파는 일을 한다면, 굳이 아마존과 경쟁을 하지 않아도 어떻게든 해나갈 수 있습니다.

앞으로 벌어질 격차라는 것은 경제적인 격차가 아니라 지역에서의 인연, 사람들과의 인연이 만드는 격차가 아닐까요?

서점이
살아남기 위한 열쇠는
포목점

아마존에 의해 책의 인터넷 판매가 일상이 된 결과, 서점들이 잇달아 문을 닫는 것은 현실이 되었습니다. 게다가 아마존은 무제한 정액제 서비스도 시작하고 있습니다. "출판 문화는 이제 끝났다"거나 "책을 파는 사람는 더 이상 먹고살 수 없다"는 비명이 터져 나올 법도 합니다.

지금 출판 업계는 저자가 책을 쓰고, 출판사가 그 책을 만들고, 도매상이 책이라는 상품을 유통해 소매서점에서 판매하는 구조입니다. 이 구조를 유지한 채 "동네 서점을 지키자"라든지 "뭔가 새로운 비즈니스를 만들자"라고 하는 것은 쉽지 않습니다.

그러면 책의 미래는 없는가 하면, 저는 조금 다르게 생각하고 있습니다.

판매 방법에서도 기존의 구조에 얽매이지 않으면 여러 방법이 있을 수 있습니다.

전자책이라고 하면, 인터넷에서 데이터를 다운로드하거나 웹사이트상에서 열람하는 것이라는 고정관념이 있지만 현실의 점포에서도 팔 수 있습니다. 실제로 지금까지 여러 서점이 매장에서 전자책을 판매하는 것을 시도했지만, 어디도 확실하게 성공하지 못했습니다. 그것은 서점이 기존의 구조 위에서 새로운 비즈니스를 만들려 하기 때문입니다.

그렇다면 전혀 다른 업계는 어떨까요?

《닛케이 업계지도》에 따르면 출판 업계의 시장 규모는 약 14조 7,090억 원입니다.* 단순하게 비교할 수는 없지만, 편의점 업계의 시장 규모는 111조 9,060억 원에 이릅니다. 세븐일레븐 한 회사의 매출액이 45조 1,560억 원이니까요. 세븐일레븐 한 회사의 매출이 출판 업계 전체 매출의 3배에 이릅니다. 이것을 참고하면 지금 출판 업계의 규모에 대해 알 수 있을 것입니다.

* 환율 100엔 = 1,000원 적용

자본력을 갖춘 편의점 체인이라면 해당 편의점에서 전자책을 판매하는 것도 충분히 가능할 것입니다.

편의점 매장에서 콘텐츠가 들어있는 일회용 전자책 단말기를 팔수 있습니다. 단말기를 반납하면 일부를 환불해주거나 콘텐츠에 기한을 정해 자동으로 사라지도록 해도 좋습니다. 이렇게 하면 콘텐츠의 불법 복제를 방지하면서 가족, 친구들과 돌려 읽을 수 있습니다. PC나 스마트폰을 사용하는 것이 서투른 고령자라든지 부모가 아이에게 사준다든지 꽤 수요가 있지 않을까요?

지금 편의점은 PB 상품**을 점점 늘려가고 있고, 기존 유명 브랜드도 편의점의 브랜드로 맥주나 식품을 내놓고 있습니다. 마찬가지로 콘텐츠도 편의점 브랜드로 공급할 수 있을 것 같습니다. 인기 있는 소설가나 만화가라면 편의점과 직접 협상하여 콘텐츠를 해당 편의점 한정으로 파는 것이 가능할지 모릅니다.

편의점에서 전자책을 파는 것은 꽤 큰 이야기지만, 실제 소매서점도 살아남는 방법이 있습니다. 힌트는 '포목점'입니다.

옛날에는 지역마다 전통 의상을 파는 포목점이 있었습니다. 지

** Private Brand Goods, 백화점, 슈퍼마켓, 편의점 등이 독자적으로 개발한 브랜드 상품

금은 모두 양장을 입게 되어 포목점은 점점 줄었지만, 그래도 멸종하지는 않았습니다.

왜 포목점을 예로 들었나 하면, 옷도 패션도 일종의 인쇄 콘텐츠이기 때문입니다. 단 하나뿐인 전통 의상도 있지만, 대부분은 원단에 문양을 인쇄하여 사용하고 있습니다. 하지만 일본의 전통 의상 기모노를 생각하면 고급스러운 이미지가 떠올라 대량생산품이라는 느낌이 들지 않습니다.

한편 서적은 어떤가요? 수천에서 수만 부가 인쇄되어 전국의 서점에 같은 제목으로 나열되어 있다는 이미지가 있습니다. 하지만 생각해보면 99퍼센트의 책은 겨우 초판을 2,000~3,000부 정도 인쇄하면 그것으로 끝입니다.

즉, 3,000부밖에 만들어지지 않는 한정품, 레어 아이템이 매일 몇십 종씩 출간되는 것이 출판 업계입니다. 서적은 '대량생산품'이 아니고 '한정품'이라고 생각하는 것이 지금 현실에 더 맞습니다. 한정품인데 다이소처럼 파는 것을 그만두고, 서점들도 자신의 업종을 '레어 아이템 숍'으로 다시 인식하는 것이 좋지 않을까요.

지금은 도서 재판매 가격 유지 제도라는 것이 있어서 출판사가 도서의 정가를 결정할 수 있게 되어 있습니다. 하지만 이 구조는 이 제 한계에 부딪히고 있습니다. 서점은 자신이 팔고 싶은 가격으로 책을 팔도록 하는 것이 좋습니다. 이것은 서점들이 할인 판매를 할 수 있도록 하기 위해서가 아닙니다. 반대로 부가가치를 붙일 수 있도록 하기 위함입니다.

무라카미 하루키의 신작을 지금 당장 읽고 싶다고 생각해봅시다. 집에 돌아가기 전에 읽고 싶다는 손님에게는 정가 20,000원의 도서를 25,000원이나 30,000원에 팔아도 되지 않을까요.

옛날 포목점처럼 팔 수도 있지요. 책을 좋아하는 단골손님에게는 막 나온 신간을 추천하러 책을 가지고 영업하러 갑니다. 최근에는 다양한 책을 판매하는 편집숍이 조금씩 늘어나고 있지만, 도서의 가격을 서점에서 자유롭게 결정할 수 있다면 장사의 폭은 더욱 넓어질 것입니다.

아마존이
부동산 중개를
시작한다?

이번에는 아마존이 미래에 어떤 비즈니스를 할지에 대해 예측해보
도록 하겠습니다.

아마존은 1995년 인터넷 서점으로 시작했습니다. 인터넷에서
서점을 한다는 것의 장점은 모두가 원하는 베스트셀러가 아니라 전
문서나 틈새시장의 서적을 팔 수 있다는 것에 있습니다.

어떤 책을 읽고 싶어하는 사람이 전국에 100명 정도 있다고 해
봅시다. 그 사람들은 뿔뿔이 흩어져 살고, 인터넷 이전에는 이런 사람
들에게 책을 전달하는 유통망이 존재하지 않았습니다. 거의 팔리지
않는 책의 재고를 서점에 갖다 놓을 수 없기 때문입니다.

그렇지만 인터넷 서점에는 물리적인 제약이 없습니다. 데이터베
이스에서 재고를 파악해 원하는 사람이 있으면 그 사람에게 판매할
수 있습니다. 다품종 소량 판매가 가능해진 것입니다. 이른바 '롱테일

전략'이라는 것입니다.

최근 아마존은 디지털 콘텐츠에 주력하고 있습니다. 전자책과 음악 그리고 비디오까지. 디지털 콘텐츠 즉, 데이터는 아무리 종류가 많아도 물리적인 창고가 필요 없기 때문에 궁극적인 다품종 소량 판매라고 볼 수 있습니다. 저는 특히 아마존 비디오는 앞으로 유튜브를 위협하는 존재가 될 것이라고 보고 있습니다.

이렇듯 아마존은 디지털 콘텐츠 비즈니스를 계속 확대해나갈 것입니다. 인터넷상에서 효율적으로 거래되고 있지 않은 것들은 아직 많기 때문이죠.

종류가 방대하고 소수의 수요가 있는 것.

이 조건을 충족하는 상품에 무엇이 있을까요?

'부동산'이야말로 궁극적인 다품종 소량 판매 아이템이 아닐까요? 부동산은 같은 상품이 없고 물건마다 조건이 모두 다르기 때문에 1 대 1로 거래하는 상품입니다.

게다가 부동산 업계는 매우 불투명한 구조로 되어 있습니다. 부동산을 팔고 싶은 사람도 사고 싶은 사람도, 빌려주고 싶은 사람도 빌리고 싶은 사람도, 모두 중개업소를 이용하지 않으면 안 되고, 게다가 정보도 모두 공개되어 있지 않습니다.

인터넷에 괜찮은 물건이 나와 있어서 부동산 중개업소에 문의하면 "그 물건은 얼마 전에 나갔어요"라며 다른 물건을 소개받기도 합니다. 이런 것들이 버젓이 통용되는 비즈니스입니다.

부동산 중개업은 면허제로 되어 있기 때문에, 지금까지 자유경쟁이 일어나기 어려웠습니다. 하지만 그러한 상황은 21세기에 들어 조금씩 무너지고 있습니다.

면허제로 경쟁을 억제할 수는 없습니다. 물론 의사면허나 자동차면허 같은 경우에는 끝까지 남을 것입니다. 하지만 "아플 때, 어떤 약품을 사면 좋을까?" 같은 데이터베이스가 충실해지면, 의사에게 갈 기회는 줄어드는 것은 아닐까요. 자율주행 자동차가 보급되면 자동차면허의 의미도 줄어들게 되겠군요.

온갖 규제가 차례차례 풀리고 있는 것이 지금입니다.

'부동산 중개업소 이외에는 부동산이라는 상품을 다룰 수 없어'라는 것은 너무 부동산 중개업자에게 유리하고 부동산을 사고팔고 싶은 사용자에게는 불리합니다.

그리고 아마존은 이런 규제로 얽혀 있는 업계를 공격하는 것이 가장 큰 특기인 회사입니다.

이전에도 이베이가 부동산 경매를 하려고 한 적이 있었지만, 아마존이라면 더 잘할 수 있을 것입니다. 그들은 세계에 통하는 공통의 거래 규칙을 만들고, 그것을 '아마존 규칙'으로 세계에 강제할 수 있습니다. 현재 그런 힘을 가진 곳은 아마존뿐입니다. 아마존의 진출로 서점산업이 붕괴한 것처럼 여러 가지 폐해도 일어날 것입니다.

10년 후 미래에 아마존이 부동산 시장에 진출했다고 상상해 봅시다.

그곳에서는 모든 물건이 '아마존 리뷰'의 대상이 되고 있습니다.

지금까지 어느 지역에서 방을 빌리고 싶으면 현지에 가서 직접 물건을 알아보거나 물건을 취급하는 부동산 중개업자의 말을 그대로 믿을 수밖에 없었습니다.

부동산에는 역세권 프리미엄이라든지 여러 가지 가격이 있지만, 결국 이런 것들은 부동산 중개업자가 마음대로 생각한 적당한 가격일 뿐입니다. "키치조지역에서 걸어서 15분 정도니까, 방 하나에 60~80만 원 정도"라고 하는 것은 완전한 시장 원리로 정해지는 것이 아닙니다.

하지만 아마존이 부동산을 취급하면, 아마존 리뷰를 보면 됩니다. 그 물건을 전에 빌리고 있었다든지 근처에 사는 사람의 리뷰가 기재되고, 리뷰어가 과거에 살았던 방도 알 수 있습니다. 맛집 리뷰어처럼 부동산 리뷰어도 모두 평가의 대상이 됩니다.

그렇게 되면, 부동산 중개업자는 터무니없는 가격을 매길 수 없게 됩니다. 중개업자, 부동산을 임대하거나 판매하고자 하는 사람은 희망 가격을 매기겠지만, 그것들은 순식간에 시장의 시세에 맞춰집니다. 부동산 중개업자가 올린 정보에 의존하여 거래를 하지 않아도 됩니다.

동시에 부동산을 빌리거나 사려는 사람도 리뷰의 대상이 됩니다. "그 사람은 분리수거를 제대로 지키지 않는다", "시끄러운 소음 때문에 민원이 발생했다", "친구들이 너무 많이 방문한다"든가, 반대로 "친구가 전혀 없어서 수상하다"는 것까지 리뷰의 대상이 되어 버립니다. 리뷰의 평가가 좋지 않은 사람은 시세의 두 배인 월세를 내지 않으면 방을 빌릴 수 없게 될지도 모릅니다.

옛날에는 아파트를 빌리려고 부동산 중개업자를 찾아가도, "믿을만한 사람의 소개가 없으면 곤란하다"라고 거절당하는 것이 당연했습니다. 이러한 까닭을 알 수 없던 '블랙박스'가 점점 객관적인 데이터로 가시화되고 있습니다.

미래에는 부동산 거래가 더욱 활발해질 것입니다. 세계의 사람들이 더 많이 이동하면, 현재의 부동산 시스템으로는 대응을 할 수 없습니다. '인바운드 소비*'니 '고급 인재의 수용'이니 하면서 외국인이 방을 빌리고 싶어도 빌릴 수 없는, 지금의 상황은 아무리 생각해도 문제가 있습니다.

경제를 활성화하기 위해서는 여기저기에 자리잡고 있는 '블랙박스'에 바람 구멍을 뚫어 유통을 원활하게 하는 것이 최선입니다

중국은 이미 세계에 앞서 그러한 대처를 가속하고 있습니다. 인터넷 쇼핑몰 알리바바는 '지마신용**'이라고 하는 신용평가시스템으로 고객들의 신용 점수를 평가하고 있습니다. 고객들의 상품 구매 현황, 학력, 경력, 자산 등의 개인정보를 바탕을 매겨진 신용점수가 높을수록 저렴한 금리로 돈을 빌릴 수도 있고, 자전거 대여 등의 서비스 이용 시 보증금을 받지 않는 등 여러 가지 혜택을 받게 됩니다. 한편 신용 점수가 낮으면 자전거 대여를 거절당하기도 합니다.

인터넷 기사 등을 보면 중국인들은 지마신용의 신용 점수에 대

---

* 일본을 방문하는 외국인이 일본에서 소비하는 활동
** 알리바바 고객들의 소비정보를 기초로 개인의 신용을 점수화한 신용평가시스템

해 큰 거부감이 없는 것 같습니다. 만약 중국 국내 뿐만이 아니라 세계를 대상으로 '신용'을 평가한다면, 아마존이 더 유리한 입장이 되지 않을까요.

자신의 신용이 평가되는 것에 대해 대부분의 일본인은 거부감이 있는 것 같습니다. 하지만 지금처럼 부모의 재산이나 학력 같은 잣대로 평가가 고정되는 사회가 더 답답하지 않을까요?

자신의 노력에 따라 평가를 올리거나 낮출 수 있고, 나아가 신용 평가를 유통시켜 혜택도 누릴 수 있다면, 그러한 평가 경제 사회 쪽이 더 살기 좋지 않을까요?

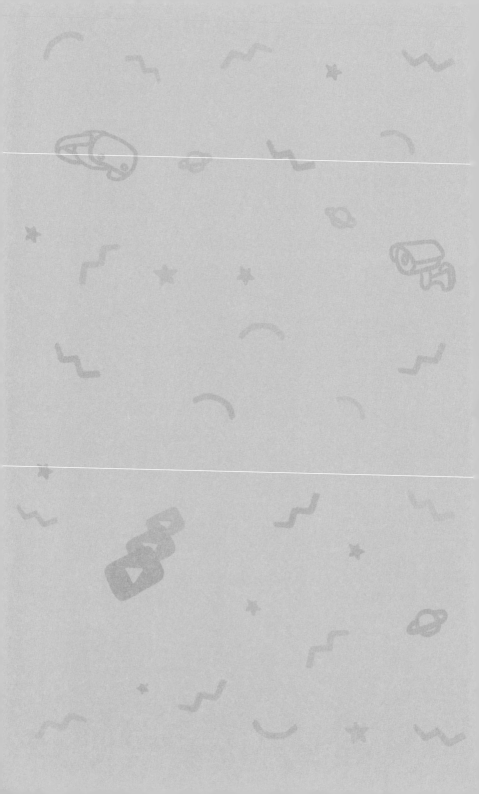

제6장

가상 연애와
현실 연애의 경계가
사라진다

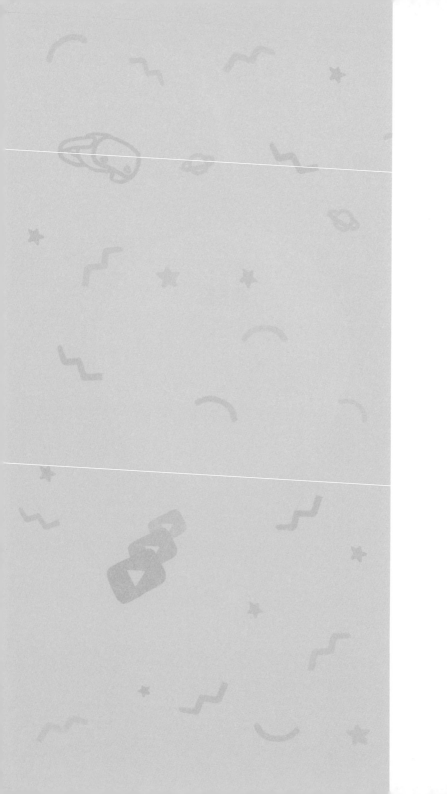

화면 속의
미소녀·꽃미남과
사랑을 나눈다

10년 후 미래에 우리는 화면에서 튀어나올 것만 같은 미소녀나 꽃미남과 사랑을 하게 됩니다.

잠깐만 기다려보세요. 하고 싶은 말이 무엇인지 알 것 같습니다.

"그건 애니메이션이나 연애 시뮬레이션 게임에 중독된 기분 나쁜 덕후 이야기지!"라고 화를 내는 사람도 있을 것이고, IT에 흥미가 있는 사람이라면 "아, 가상현실이 진화하면 만화 속 캐릭터가 더 리얼해지고 재미있을지도 모르겠네요"라고 생각하는 사람도 있을 것입니다.

그렇지만 저는 테크놀로지가 진화하면 덕후를 위한 게임이 발전한다고 주장하고 싶은 것은 아닙니다.

극히 일부의 인간을 제외하고, 우리 모두는 많든 적든 가상현실에서 연애를 하게 됩니다.

이렇게 생각하게 된 계기는 모태솔로 상담 오프라인 모임을 주최한 것이었습니다. 남자친구나 여자친구를 원하는 사람이 있으면 성별과 연령에 상관없이 무료로 상담해주는 행사를 여러 차례 열어보았습니다.

처음에는 "뭐 그래, 우선 오프 모임에 나온 옆 사람과 즉석 커플이 되어 이 근처를 30분 정도 산책하고 와라" 정도의 조언을 해주었습니다. 하지만 100명 이상을 상담하다 보니 대략적인 경향이 보이기 시작했습니다.

"여자에게 흥미가 없는 것은 아니다"라든지 "중학생 무렵 짝사랑했던 상대를 잊을 수 없다"든지 여러 가지 패턴의 사람이 있었습니다. 대략 정리해보면 8할 정도의 사람은 "매우 매력적인 이성이라면 진심으로 좋아할 수 있지만, 그다지 매력적이지 않은 상대와 교제하는 것은 시간과 돈의 낭비다"라고 말하고 있었습니다. 남자친구나 여자친구를 원하지만 연애는 '가성비가 나쁘다'는 것이죠.

미인이니 연봉이 높으니, 이런 말을 하는 것은 바보도 아는 '개성'이잖아요. 자유연애 시장에서 그러한 인기 있는 개성을 가진 상위 그룹과 연애할 수 있는 사람들은 한정되어 있습니다. 그렇다면 연애 시장의 중위나 하위 그룹 사람들은 그들끼리 사귀는가 하면, 그렇게 되지는 않습니다. 인터넷을 보면 미인과 미남이 넘쳐나는데, 굳이 못생긴 사람과 사귀고 싶은 마음이 들지 않는 것도 이해할 수 있습니다.

이 상황은 아직 연애가 '충분히 가상화되지 않은 과도기'이기 때문에 일어나는 현상이라고 저는 생각하게 되었습니다.

충분히 가상화된다는 것은 무엇일까요?

'여행'을 생각해봅시다.

여행을 좋아하는 사람은 많다고 생각되지만, 여행을 좋아하는 사람에는 여러 가지 타입이 있습니다.

백팩을 메고 씻지도 못한 채 세계를 돌아다니지 않으면 여행이 아니라고 하는 사람, 여행사가 준비한 패키지 투어를 좋아하는 사람, 여행 프로그램이나 책을 보는 것으로 만족하는 사람 등 가지각색입니다.

TBS에서는 〈Crazy Journey〉라는 여행 버라이어티 프로그램이 방송되는데요, 그 프로그램의 DVD를 살 돈이면 가까운 곳으로 여행을 갈 수 있지 않습니까? 그렇다고 해서 그 방송을 좋아하는 사람을 비난하지는 않을 것입니다.

누군가가 실제로 체험한 멋진 여행을 나 또한 체험하고 싶다는 욕구가 저희에게는 있기 때문입니다. 연애도 마찬가지 아닐까요?

현재 연애를 즐기는 방법은 '실제 남자친구나 여자친구와 사귄다' 또는 '가상의 연애 이야기를 즐긴다' 중의 하나입니다.

이런 빈약한 선택밖에 준비되어 있지 않기 때문에 '실제 남자친구 혹은 여자친구와 사귄다'는 것이 '가상의 연애 이야기를 즐긴다'보다 멋진 것처럼 느껴집니다.

그런데 선택지가 좀 더 다양하다면 어떨까요?

그야말로 화면에서 꽃미남·미소녀가 튀어나온다는 선택지가 있다면?

'화면에서 튀어나온다'라고 하는 것이 농담처럼 생각될지도 모릅니다만, 우리는 이미 그런 체험을 일상적으로 하고 있습니다.

아마존에서 원하는 물건을 찾아서 클릭하면 1시간 후에는 집에서 배달받을 수 있습니다. 이것은 화면에 있는 것을 실제로 꺼냈다고 할 수 있습니다.

"그렇다고 해도 진짜 인간과 똑같은 안드로이드가 실현되려면 아직 멀었잖아요!"

물론 인간과 똑같은 안드로이드라면 그렇겠지만, 그렇게까지 고도의 테크놀로지는 인간에게 필요 없습니다.

정보량이 많다고
사실적인 것은
아니다

우리는 무심코 복잡하고 정보량이 많을수록 '사실'이라고 생각하기 쉽습니다.

TV의 해상도가 올라갈수록, 디테일까지 정확하게 만들수록 사실에 가까워지는 느낌이라고 생각합니다.

인간형 로봇 연구만 해도 얼마나 세세한 부분까지 인간과 닮을 수 있을까를 목표로 노력하고 있지만, 인간을 닮으려고 할수록 '뭔가 기분 나쁘다'고 느끼는 '불쾌한 골짜기*' 현상이 일어납니다.

정보량이 많다고 좋은 것만은 아니라는 것은 최근의 연구에서도 알 수 있습니다.

* Uncanny Vally, 인간이 인간이 아닌 존재를 볼 때, 그것이 인간과 닮을수록 호감도가 높아지지만 일정 수준에 다다르면 오히려 불쾌감을 느낀다는 이론

가상현실 헤드 마운트 디스플레이를 쓰고 영상을 보면 'VR 멀미'를 느끼는 사람이 많습니다. 그럴 때 초당 프레임 수를 알려주는 프레임 레이트를 올려, 1초에 120컷으로 표시량을 늘려주면 멀미 현상이 줄어든다고 합니다. 반면 해상도는 높지 않아도 좋습니다. 오히려 해상도는 낮은 것이 좋다고 합니다.

치밀한 영상을 낮은 프레임 레이트로 보여주는 것보다 예전 게임기의 해상도로 초당 120컷 정도로 보여주는 것이 인간이 느끼기에 아무래도 쾌적한 것 같습니다.

스튜디오 지브리가 발행하는 무가지 〈열풍〉의 2016년 3월호에는 '포켓몬GO' 등을 개발하는 나이엔틱Niantic의 존 행키, 드왕고Dwaongo의 가와카미 노부오, 스튜디오 지브리의 스즈키 토시오의 대담이 게재되어 있습니다. 가와카미 노부오에 따르면 높은 프레임 레이트에 저해상도로 VR을 시청한 후, 헤드 마운트 디스플레이를 벗으면 현실에서 멀미를 느낀다고 합니다.

즉, 리얼한 현실 세계는 인간에게 있어 노이즈가 너무 많은 것입니다.

인간의 뇌는 주위의 풍경을 모두 인식하는 것이 아닙니다. 눈의

초점이 맞는 영역을 중점적으로 처리하고, 그 이외의 영역에 대해서는 마음대로 보정해줍니다. 지금까지는 사실적인 영상이 아니면 사실적인 가상 세계를 만들 수 없다고 생각하고 있었지만, 사실은 그렇지 않은 것 같습니다.

모든 문화는
현실로부터의
도피이다

"이상형의 남자친구 혹은 여자친구를 찾는 것도 좋지만, 현실은 어쩌자는 거야? 2차원과 가상현실로 도망치는 것은 사회부적격자다!"라고 말할 사람도 있겠죠.

하지만 지금 우리는 딱 경계에 서 있습니다.

현실만을 인정하는 사람도 있는가 하면, 2차원이나 가상현실에 다리를 걸치고 있는 사람도 있습니다. 가상현실 속에서만 살고 싶지만 어쩔 수 없이 현실에 속해 있는 사람도 있는가 하면, 가상현실에 푹 빠져 사는 사람도 있습니다. 그 스탠스는 사람마다 다르고, 한 사람도 매 순간마다 다를 수 있습니다.

"집에서 빨리 애니메이션을 보고 싶다", "게임을 하고 싶으니까, 일을 빠르게 처리하고 퇴근한다"는 것은 지극히 평범한 일 아닙니까?

저는 "모든 문화는 현실로부터의 도피이며 재미로 시작된다"라고 생각하고 있습니다.

과거 애니메이션 감독 미야자키 하야오는 지브리의 작품을 비디오로 출시하는 것에 강하게 반대했다고 합니다.

자신의 작품을 본 아이들이 야산에서 뛰어놀았으면 좋겠다. 집에서 계속 비디오를 보고 있으면 안 된다는 것이 그 이유였습니다.

그렇지만 현실에서는 세상의 부모들이 지브리 작품을 구매해 아이들에게 보여주고 있습니다. 미야자키 하야오는 아이들을 현실의 세계로 불러오려고 했지만, 가상의 세계로 향하는 결과가 되어버렸습니다.

잘 만들어진 문화일수록 결국 현실에서 도피하는 것이며 재미를 추구하게 됩니다.

또 다른 문화의 예로는 패션이 있습니다.

제가 재미있게 본 것은 유니클로가 광고에서 '따뜻해 보인다'는 이미지를 전면에 내세웠던 것입니다. 지금은 '히트텍'을 비롯해 온열 섬유가 진화했기 때문에 예전처럼 두껍게 옷을 입을 필요는 없습니다. 외관상 여름옷과 별로 다르지 않아도 충분히 따뜻하지요. 그렇다면 겨울이라도 유니클로의 매장에는 온열 섬유를 사용한 가벼운 의

상만 진열해도 좋을 것입니다.

그런데 유니클로는 딱 보기에도 '따뜻해 보이는' 푹신푹신한 제품들을 많이 내놓고 있습니다. 실제로 따뜻하고 시원하다는 것을 떠나서 '따뜻해 보이는 모습', '시원해 보이는 모습'을 즐기는 문화인 셈이죠. 이런 것이 현실로부터의 도피이며 재미를 추구한다는 것입니다.

하나 더하여 '정원'을 살펴보죠.

영국식 정원은 제대로 구획이 정리되어 있고, 계절마다 여러 식물이 자라는 식물원 같은 정원입니다. 프랑스식 정원은 거대한 정원을 기하학적인 모양으로 구분합니다. 자연에는 있을 수 없는 정사각형의 울타리를 만들기도 합니다.

일본식 정원은 한시, 즉 중국 시적 세계의 디오라마입니다. 정원 안에 작은 다리를 놓아 신선의 시각에서 본 도원을 구현하고자 합니다. 작은 나무를 심어 원근감으로 멀리 있는 것처럼 보이거나, 돌을 산처럼 보이도록 세우기도 합니다.

어느 정원이나 대자연이라는 현실로부터의 도피이자 재미를 추구하기 위해 만든 것입니다. 자연이 경이롭다고 해서 대부분의 사람들이 원시림 속에서 살고 싶은 것은 아닙니다.

그러니까 "2차원으로 도망치는 것은 연애불능자"라는 비난은 핵심을 벗어난 것입니다.

모두 말은 안 하지만, 속으로는 많든 적든 '사귀는 사람이 전혀 미남이나 미녀가 아니다', '남자친구 혹은 여자친구를 상대하는 것이 귀찮다', '남자친구나 여자친구를 사귀는 것은 시간과 돈의 낭비다'라는 생각을 하고 있지 않을까요?

이것은 따지고 보면 현실의 연애는 어색하고 불편하고 경제적이지 않다는 것. 이렇게 쓸모없는 요소가 갖춰져 있기 때문에 필요성이 낮아진다는 것입니다. 앞에서 모태솔로 오프 모임에서 "매우 매력적인 상대라면 진심으로 좋아할 수 있지만, 그렇지 않다면 사귀고 싶지 않다"는 사람이 많다고 소개했습니다. 어쩌면 그들은 매우 합리적인 판단을 하고 있다고 말할 수 있습니다.

"연애 감정 자체는 부러워, 가지고 싶어."
"현실적인 연애는 어색하고 불편하고 비효율적이야."

요컨대 현실로부터의 도피와 함께 재미를 느낄 수 있는 대안이 필요하게 되었다는 것이, 현재의 연애 사정입니다.

리얼에는
노이즈가 많다

앞서 소개한 NHK ETV의 토크 버라이어티 프로그램 〈네호링 파호링〉에서 애니메이션에 빠진 여성들을 다룬 '2차원을 진심으로 사랑하는 여자들'이라는 에피소드가 있었습니다.

해당 에피소드에 출연한 한 여성은 "애니매이션의 주인공은 수염이 자라지 않는데, 왜 너희들은 수염이 자라니?"라며 남자친구가 싫어져서 그냥 헤어졌다는 이야기를 했습니다. 남자에게 수염이 난 것이 기분 나쁘다는 여자친구의 말을 액면 그대로 받아들이면 안 됩니다.

이들이 말하고 싶은 것은 사실 '리얼에는 불필요한 노이즈가 너무 많다'는 것입니다.

최근 유행하는 '인스타 감성'도 그렇죠. 인스타그램에 멋있는 사진을 계속해서 올리는 행위는 젊은 세대에게는 당연한 문화가 되고 있습니다. 인스타 감성에서 중요한 것은 보이는 모습이지 실제로 멋 있는지는 중요하지 않습니다.

인스타그램에 열심인 사람은 레스토랑에서 음식이 나오면 음식 이 식는 것도 상관하지 않고 사진을 마구 찍어댑니다. 한때 생크림이 수북하게 쌓인 팬케이크 사진이 유행인 적도 있었지만, 그 팬케이크 가 그다지 맛있는 것도 아닙니다. 생크림을 얹은 뜨거운 팬케이크라 니, 맛있는 순간은 1~2분 정도에 불과할 것입니다. 우선 맛의 밸런스 가 너무 나쁩니다. 하지만 사진을 찍기에 너무 좋은 것이죠.

우리는 이미 현실적인 맛은 그다지 중요하게 생각하지 않게 되 었습니다. 이것이 탈리얼이고 재미를 추구한다는 것입니다.

생크림이 산처럼 쌓인 팬케이크는 원래 맛있는 음식을 먹는 행 위였던 식사를 재미있는 것, 그래서 즐겁게 사진을 찍고 싶어하는 것 으로 만들었습니다.

'리얼에는 불필요한 노이즈가 많다'는 것은 '현실적인 것들의 가 치가 폭락하고 있다'는 의미이기도 합니다.

우리는 지금까지 어떤 물건이나 돈처럼 현실적인 것에 가치가 있다고 생각했었습니다.

"좋은 차를 타고 다니는 사람이 성공했다", "좋은 집에 살고 좋은 음식을 먹는 것이 중요하다"라는 암묵적인 이해와 가치관이 있었습니다. 하지만 그런 것들이 이제 조금씩 무너지고 있습니다.

인싸도
덕후도
모두 가상을 즐긴다

연애도 결혼도 예전의 가치관이 더 이상 유효하지 않습니다.

맞선이 일반적이었던 과거에는 소개받은 상대의 외모가 조금 못생겨도, 성격에 조금 문제가 있어도 '결혼이란 다 이런 것이다'라며 받아들였습니다.

20세기 후반이 되면서 자유연애가 주류가 됩니다. 자유연애 시장에서든 이러니저러니 말이 많아도, 역시 미녀와 미남에게 인기가 집중됩니다. 하지만 미남이나 미녀라고 해도 다 좋은 것은 아니겠죠. 외모가 뛰어난 사람들은 선택의 폭이 넓은 만큼 상대에 대한 배려가 부족할 수도 있습니다.

인간이기에 사귀고 있는 상대에게 100퍼센트 만족할 수 없는 것은 당연합니다. 상대가 불쾌한 태도를 취하면 누구라도 화가 나지요. 그럴 때, 상대가 엄청 귀엽거나 아주 잘 생겼다면 '뭐, 어쩔 수 없지'하며 참게 됩니다. 현실의 연애에서는 흔한 일입니다.

하지만 이제 우리는 그런 리얼에 포함되는 노이즈를 참을 수 없습니다. 상대가 귀엽든 잘 생겼든 불쾌한 것은 참을 수 없습니다.

외모가 뛰어난 사람들끼리의 이른바 '현실의 연애'도 이런 상황인데, 외모가 부족한 사람들은 연애 시장에 참가조차 할 수 없습니다.

그렇다면 연인이 있는 기분 또는 연애 감정만 즐길 수 있으면 편리하지 않겠습니까?

"나는 덕후처럼 살고 싶지 않아!", "좀 더 인생을 즐기며 살고 싶어!"라고 생각하는 사람도 있을 것입니다.

그렇게 현실을 즐기려는 사람은 각종 파티에 참석하거나 주최하기도 하지요. 고급 리무진을 빌려서 여자들끼리 파티를 하는 '리무진 여자회'라는 것도 유행한 적이 있었습니다.

인싸와 덕후는 무엇이 다를까요? 언뜻 보면 이 두 가지는 대립 개념처럼 보이지만 사실은 똑같습니다.

인싸들이 파티나 리무진 여자회를 여는 것은 "좀 더 인생을 즐기고 싶다!"에서 시작됩니다. 인싸들도 현실이 즐겁지 않은 것입니다. 현실을 벗어나 즐거운 인생을 사는 기분을 맛보고 싶다는 것이지요.

그렇기에 필요 이상으로 떠들썩하고, 화려한 의상을 챙겨 입습니다. 평소에는 마시지도 좋아하지도 않던 샴페인을 터트리고는 "건배!"하고 포즈를 취하고 사진을 찍습니다. 그리고 두 시간의 리무진 대여 시간이 끝나면 지하철을 타고 집으로 돌아갑니다.

2차원이나 가상의 연애도 근원적으로는 똑같습니다. 그렇게 생각하면 현실에 충실한 인싸도 현실에서 인기가 없는 덕후도 그들 사이에 차이가 없다는 것을 잘 알 수 있습니다.

2차원의 연애는 '도망치는 장소'가 아닙니다. '스스로에게 힘을 내라고 주는 선물'로 생각하는 것이 인생이 즐거워지는 방법이 아닐까요?

연애는
향수의 대상이
된다

현실 연애와 가상 연애의 경계는 엄청난 속도로 사라지고 있습니다.

그렇다면 가상 연애가 당연해졌을 때, 미래 사회는 어떻게 바뀌고 있을까요? 우리의 가치관은 어떻게 변하고 있을까요?

2007년경부터 다양한 미디어에서 "젊은 세대 ○○○에서 멀어진다"라는 표현이 눈에 띄게 늘기 시작했습니다. 자동차에서, 음주에서 …… 그리고 연애에서 멀어지고 있다는 것입니다.

인터넷 데이터 분석회사인 홋토링크가 2016년 12월 배포한 자료에 의하면, 20세 미만 젊은 세대에서 크리스마스 관련 트윗은 줄어드는 한편 할로윈 관련 트윗은 증가하고 있다고 합니다.

또한 일본기념일협회에 의하면 2016년 할로윈 관련 시장 규모는 약 1조 3,450억 원으로 약 1조 3,400억 원의 발렌타인데이를 처음으로 웃돌았다고 합니다. 그 이후 할로윈 시장이 발렌타인데이 시장을 웃도는 상황이 계속되고 있습니다.

아무래도 연애 이벤트 느낌이 강한 크리스마스와 발렌타인데이에 대한 젊은이들의 흥미는 줄어드는 데 비해 동료들과 함께 즐기는 할로윈의 인기가 높아지는 것 같습니다.

《원피스》도 왕도를 지양하는 만화라면 연애 관계가 좀 더 있어도 좋을 것 같지만, 어쨌든 《원피스》가 전면에 내세우고 있는 것은 동료입니다. 아마 그것도 성공의 요인이 아닐까 합니다.

그래도 아직까지는 연애 콘텐츠의 인기가 많습니다. 2016년에는 애니메이션 영화 〈너의 이름은〉과 〈도망치는 건 부끄럽지만 도움이 된다〉가 큰 인기를 얻었습니다. 문화 콘텐츠의 트렌드를 보면 아직까지 연애물이 많아 "젊은이들도 진짜 연애에 굶주리고 있지 않은가?", "역시 사랑이 전부야!"라는 사람도 있습니다.

하지만 제 생각은 반대입니다. 드디어 연애가 향수의 대상이 되고 있다는 느낌을 받습니다.

대중문화와 엔터테인먼트는 '과거의 가치관을 향수로 떠받드는 경향이 있다'고 생각하기 때문입니다.

1960년대 후반부터 1970년대에 걸쳐 《거인의 별》이라는 야구 만화가 인기였습니다. 주인공인 호시 휴마는 요미우리 자이언츠의 선수였던 아버지 호시 잇테츠에게 영재 교육을 받고 프로야구 선수가 되고자 합니다. 남다른 특별 훈련을 근성으로 이겨내면 엄청난 능력이 생겨난다는 '스포츠 근성물'의 대표작입니다. 가부장제의 화신과 같은 아버지는 밥상을 뒤집고, 주인공과 누나는 무작정 견뎌낸다는 내용입니다.

그렇다면 그 당시 일본은 어떤 사회였을까요? 저는 제가 중고등학교 시절이라 잘 기억하는데요. 《거인의 별》과는 정반대였습니다. '입시 전쟁'이라는 말은 이미 익숙했고, 호시 잇테츠와 같은 아버지는 어디에도 없었습니다. 아무도 스포츠에서 근성을 요구하지 않았습니다. 지금은 더 이상 없는 과거의 가치관을 미덕으로 칭찬했기에 《거인의 별》은 열광적인 인기를 얻지 않나 생각합니다.

《도라에몽》도 마찬가지입니다. 주인공 진구와 친구들이 모이는 공터에는 토관이 놓여있는데요. 이게 뭐냐면, 상하수도 등에 쓰이는 인프라용 건설 자재입니다. 과거 고도 경제성장기에는 이러한 건설 자재를 공터에서 볼 수 있었습니다. 그렇지만 《도라에몽》의 원작 만화가 인기를 얻었던 것은 1974년입니다. 1979년 TV 애니메이션으로 방영되며 부동의 인기를 얻었지만, 대도시 전역에서 토관이 놓인 공터는 찾을 수 없습니다. 아이들이 토관이 놓인 공터에서 노는 그런 풍경이 향수의 대상으로 그려지고 있던 것입니다.

덕후는
2차원 여친을
꿈꾸는가?

우리의 가치관이 어떻게 변화하는지를 생각하는 데 참고하면 좋은 작품이 두 개 있습니다.

해당 작품은 필립 K. 딕의 SF 소설 《안드로이드는 전기양을 꿈꾸는가?》와 이것을 영화화한 리들리 스콧 감독의 〈블레이드 러너〉입니다. 이 두 작품은 기본적인 설정은 공통적이지만 이야기하고 있는 주제는 상당히 다릅니다.

《안드로이드는 전기양을 꿈꾸는가?》에 대해 간단히 설명하겠습니다. 소설의 무대는 1992년 샌프란시스코로 핵전쟁 이후 지구상의 동물은 대부분 멸종했고, 인류의 대다수는 우주로 이민을 간 세계입니다. 지구는 텅 빈 유령도시가 되어 있습니다. 주인공 릭 데커드는 경찰의 하청을 받아 '앤디'라고 불리는 인간으로 위장한 안드로이드를 죽이는 일을 하고 있습니다. 하지만 인간 사회로 섞여 들어간 안드로이드들은 이미 사냥이 다 되어 거의 일이 없는 상태입니다. '빨리 안드로이드를 죽이고 싶다'고 생각하며, 매일같이 아내에게 "이런 가난한 생활은 지긋지긋하다!"라는 불평을 듣고 있습니다. 그때 주인공은 큰 기회를 맞이합니다. 최신형 안드로이드인 '넥서스6'라는 앤디가 화성에서 도망쳐 샌프란시스코로 숨어들었다는 정보가 들어온 것입니다.

그는 자신의 아파트 옥상에서 '전기양' 즉, 기계로 만든 양을 기르고 있습니다. 이 시대는 대부분의 동물이 멸종했기 때문에, 동물을 기르고 싶은 사람들은 전기로 움직이는 로봇 뱀이나 로봇 고양이를 기르며 만족하고 있습니다. 하지만 주인공은 진짜 살아있는 양을 기르고 싶어합니다.

"신형 안드로이드를 죽이면, 포상금을 받을 수 있고, 진짜 양을 기를 수 있다!"라고 되뇌며 하늘로 날아오르는 것으로 이야기는 시작됩니다.

영화 〈블레이드 러너〉를 본 사람이라면 '어, 많이 다르네……'라는 생각이 들 것입니다.

영화에서도 주인공은 인간과 꼭 닮은 안드로이드가 아니라 레플리칸트*인 '넥서스6'를 사냥하지만, 인물상은 크게 다릅니다. 무엇보다 다른 점은 레플리칸트(안드로이드)를 그리는 방법입니다.

필립 K. 딕은 안드로이드를 잔혹하고 냉혹하며 비인간적으로 그렸습니다. 안드로이드라는 것은 감정이 있는 것처럼 보이더라도 인간이 아니기 때문에 죽여도 상관없다는 것이죠. 하지만 인간과 똑같은 사람을 죽이면 죽인 사람은 인간성을 잃어버립니다. 인간성을 잃으면 사람은 얼마든지 잔인해집니다.

이것이 원작의 작가 필립 K. 딕의 주장입니다.

반려동물을 학대했다는 뉴스를 보면 그것이 누구에게 폐를 끼치지 않더라도 우리는 마음이 너무 불편하잖아요. 반려동물이 사람은 아니지만 반려동물을 학대하는 사람의 영혼은 더러워진다고 합니다.

싫어하는 사람의 사진을 벽에 붙여놓고 눈이고 어디고 송곳으로 찔러도 누구에게 폐가 되지는 않습니다. 단순히 '종이에 송곳을 꽂고 있을 뿐'이니까요. 그렇지만, 그런 일을 계속하면 그 사람의 영혼은 더러워지고 인간성이 손상됩니다.

＊ Replicate(복제)에서 파생된 단어로 〈블레이드 러너〉에서는 유전자 합성으로 만든 인조인간으로 나온다.

필립 K. 딕은 영화 〈블레이드 러너〉의 시나리오를 읽고 격분했다고 합니다. 리들리 스콧은 레플리칸트(안드로이드)를 인간적인 존재로 묘사했기 때문이죠. 인간보다 더 불쌍하고, 더 뛰어나고, 더 순수한 생명체로 그렸습니다. 결국에는 주인공이 레플리칸트인 레이첼과 함께 사랑의 도피를 떠나는 것으로 영화는 끝맺음을 합니다.

이렇게 되면 '인간이 인간을 죽이는 이야기'가 되어버려, 비인간적인 행위가 인간을 망쳐버린다는 그의 생각은 살아나지 않게 된다고 필립 K. 딕은 생각했죠.

나중에 필립 K. 딕과 리들리 스콧은 화해를 하고 영화의 완성을 칭찬했다고 하지만 레플리칸트(안드로이드)를 그리는 방법에 대해서만은 끝까지 의견이 일치하지 않았다고 합니다.

필립 K. 딕은 자유주의자, 이른바 좌익 작가였기 때문에 인간성의 상실을 주제로 삼았지만 리들리 스콧은 공산주의를 싫어하고 엘리트를 지지했기 때문에 권력이 인간성을 빼앗는다고 생각하지 않았습니다.

그렇다면 왜 리들리 스콧 감독은 레플리칸트를 인간적으로 그렸을까요?

필립 K. 딕의 비판을 받은 리들리 스콧은 "이해하기 어려운 영화가 아니라 통쾌한 서부영화를 찍고 싶다"고 대답했습니다. 그런데 그게 진짜 이유일까요? 아마 아닐 겁니다. 영화를 만드는 동안 자신이 그려내고 싶은 주제가 바뀌어 갔다고 저는 생각합니다. 어쩌면 〈블레이드 러너〉를 만든 시점에서는 리들리 스콧 자신도 인식하지 못했을지도 모릅니다.

그럼 〈블레이드 러너〉에서 리들리 스콧이 무의식적으로 그린 주제는 무엇일까요?

굳이 표현하자면 '하나님의 아들 예수가 모든 죄를 짊어지고 십자가에 못 박힘으로써 모든 인류는 용서받는다'가 되지 않을까요?

영화에서 레플리칸트인 로이 배티는 그를 만든 타이렐 사의 사장을 아버지라고 부르고 사장도 그를 아들이라고 말합니다. 죽음을 앞두고 그는 몽롱한 상태에서 손바닥에 못을 박는 의식을 시행하는데요. 서구권의 영상주의 작가가 '손바닥에 못을 박는다'고 하는 장면을 보여준다면 그것은 모두 스티그마(성흔)의 메타포라 생각해도 좋습니다. 그렇게 가설을 세워보면 리들리 스콧 감독이 〈블레이드 러너〉에서 무엇을 말하고 싶었는지 이해가 갑니다.

그것은 이 현실에서 인간이 '용서받기' 위한 의식.

'자신의 아들을 창조하고 그 아들에게 4년간의 수명이라는 불합리함을 준다. 하지만 그 아들은 자신과 인류를 용서하고 대신 죽는다'는 기독교적인 사상이 배경에 있습니다.

이후 리들리 스콧 감독이 외계인을 다룬 SF 영화인 〈프로메테우스〉, 〈에일리언 커버넌트〉, 〈블레이드 러너 2049〉에서도 이 주제는 공통으로 사용됩니다.

신이 되는 것이야말로 인류의 궁극적인 취미다

리들리 스콧 감독은 스탠리 큐브릭 감독의 SF 영화 〈2001 스페이스 오디세이〉에서 큰 영향을 받은 것 같습니다. 간단하게 〈2001 스페이스 오디세이〉의 줄거리를 살펴보면 다음과 같습니다.

아주 먼 옛날 외계인이 아직 유인원 형태였던 인류에게 모노리스라는 검은 돌기둥을 주었습니다. 모노리스를 접한 유인원은 지혜를 얻고, 물 마시는 장소를 두고 다투던 다른 유인원을 죽입니다. 즉, '신은 인간에게 지혜를 주었지만, 인간은 그 지혜를 죽이는 데 사용했다'는 것입니다.

시간은 흘러 가까운 미래, 달 표면에서 또 다른 모노리스가 발견됩니다. 모노리스는 목성에 신호를 발신하고, 그 수수께끼를 풀기 위해 인류는 디스커버리호라는 우주선을 만들어 목성으로 향합니다.

그런데 목성으로 가는 도중 디스커버리호에 탑승한 우주인들과 디스커버리호에 탑재된 인공지능 컴퓨터 HAL9000은 서로를 없애려 합니다. 인공지능과의 싸움에서 승리한 인류는 목성에 도착해 새로운 진화를 이루게 된 후 지구로 돌아온다는 불가사의한 이야기입니다.

이 이야기의 골격이 리들리 스콧 감독의 마음을 사로잡지 않았을까요?

'신은 인간을 창조하고 인간은 인공지능을 창조한다. 그리고 창조된 존재끼리 생존을 위한 경쟁을 벌인다. 이긴 쪽은 저주를 받아 추방당하게 되고, 다음 단계로 나아 간다'는 구조의 이야기입니다.

1979년작 〈에일리언〉에서는 리들리 스콧 자신도 이 주제를 명확하게 인식하지는 못했지만, 1982년작 〈블레이드 러너〉에서는 이 주제가 분명해지기 시작합니다.

〈우주소년 아톰〉과 〈도라에몽〉으로 어릴 적부터 로봇에 익숙해져 있는 일본인에게는 직관적으로 느껴지지는 않지만, 기독교권에서 '죽을 수도 없고, 태어날 수도 없는' 존재는 구약성경에 등장하는 '카인'을 연상시킵니다.

구약성서 속 '카인과 아벨'이라는 이야기에서 동생 아벨을 원망해 죽인 형 카인은 인류 최초의 살인 가해자가 되었습니다. 심지어 신에게 거짓말을 한 카인은 신의 저주를 받아 농작물을 수확할 수 없게 되었고 죽을 수도 없게 되었습니다. 결국 영원히 들판을 헤매는 저주받은 존재가 된 것이죠.

그럼 왜 리들리 스콧 감독은 이런 테마로 작품을 계속 만들고 있을까요?

생각해보면 리들리 스콧 감독이 영국의 귀족 계급이라는 점에서 힌트를 찾을 수 있습니다. 귀족 계급이 즐기는 취미 생활에는 무엇이 있을까요? 영국의 귀족이라고 하면 폴로 경기나 여우 사냥 등의 이미지가 떠오를지도 모르겠네요.

예전에 저는 어떤 사람으로부터 귀족 계급에 대한 재미있는 이야기를 들은 적이 있습니다. 이 사람은 귀족 문화를 연구하는 사람이었는데요. 그에 따르면 "중국에서도, 일본에서도, 유럽에서도 세계의 귀족들은 결국 하나의 취미에 도달한다"고 합니다.

노동자 계급은 스포츠나 도박에 열중하고 중산층 계급은 문화에 열중합니다. 그런데 귀족 계급은 취미가 다릅니다. 귀족이 열중하는 취미는 바로 '생명 창조'입니다.

우리 입장에서 보면 "제 취미는 장미 재배입니다"라고 하면 '음, 정원에서 꽃이나 키우고 있다니. 한가로운 취미네'라고 생각하잖아요. 그런데 귀족들의 그런 취미는 사실 '신의 흉내'라는 것입니다.

왕족이나 귀족 계급은 "자신들의 혈통은 존귀하다"라는 환상에 의해 성립되어 있습니다. 그렇기 때문에 "혈통이란 무엇인가?"에 관심을 가질 수밖에 없습니다.

빠른 경주마를 교배시켜 더 빠른 경주마를 만들려고 하고, 개를 교배시켜 큰 것부터 작은 것까지 다양한 품종으로 개량합니다. 아름다운 정원도, 지금까지 본 적 없던 색상의 장미를 키우는 것까지 모두 같은 의미입니다.

리들리 스콧 감독의 영화에 등장하는 고도의 문명을 가진 외계인, 미래의 기업가와 과학자 같은 캐릭터들은 모두 생명을 창조하려 합니다. 이는 귀족 계급의 문화와 무관하지 않습니다.

"귀족들의 취미는 확실히 대단하지만, 나하고는 상관없잖아"라고 생각할지도 모릅니다. 하지만 생각해보면 우리는 현재 옛날 귀족 이상의 생활을 누리고 있습니다.

인스턴트 라면을 옛날 사람들이 먹으면 기절할 정도로 감동할 것입니다. 유니클로의 옷은 옛날 장인들이 만든 모직물 옷보다 훨씬 세련되고 착용감이 좋습니다. 과거 왕족들도 보지 못한 스팩터클한 광경들을 집에서 TV로 즐길 수 있습니다.

실제 생물을 사용해 품종 개량을 하기 위해서는 막대한 돈과 시간이 들기 때문에 귀족이 아니라면 무리겠지요. 그렇지만 우리는 디지털 기술을 통해서 누구나 가상의 생명을 창조하거나 만날 수 있게 되었습니다.

귀족 계급이 아니더라도 신의 흉내를 낼 수 있게 된 것입니다.

가상 캐릭터가
자율적으로
행동한다

《안드로이드는 전기양을 꿈꾸는가?》와 〈브레이드 러너〉 이 두 작품은 우리의 가치관이 어떻게 변화해 나갈지를 앞서 보여주고 있다고 말씀드렸습니다.

애니메이션을 사랑하는 덕후가 인싸에게 "애니메이션 캐릭터를 사랑하는 것은 진짜 사랑이 아니다"라는 말을 들었다면 당연히 화가 날 것입니다. "그것은 어디까지나 2차원의 사람, 그냥 그림, 그냥 종이, 그냥 데이터, 그냥 플라스틱에 불과하다"는 것은 이미 알고 있습니다. 하지만 자신이 사랑하는 물건을 함부로 다루면, 역시 자신의 영혼이 더러워지는 기분이 드는 것 또한 사실입니다.

누구나 애완동물 로봇이나 가상 캐릭터를 즐기는 시대가 되면, 비인간의 존재라도 인간적으로 취급하는 것이 당연하게 될 것입니다.

그다음은 어떻게 될까요?

현재의 2D 애니메이션에서는 원화 담당이 움직임의 포인트가되는 원화를 그리고, 동영상 담당이 그 사이의 동영상을 그려 넣어 매끄럽게 움직이는 것처럼 보이게 합니다. 다만 동영상 담당의 작업은 인공지능 기술의 발달에 따라 자동화가 진행되고 있습니다.

다음으로 이어질 것은 캐릭터의 설정과 상황만 주어지면 캐릭터들이 알아서 움직이는 시대입니다. 애니메이션의 팬들은 이런 캐릭터들의 인생을 들여다보는 존재가 됩니다. 애니메이션이나 게임 등의 모든 가상 캐릭터들은 인공지능을 통해 자율적으로 행동하게 될 것입니다. 이제 이것은 확실해 보입니다.

이렇게 되면 인공지능에 의해 창조된 캐릭터들은 자아 같은 것을 갖게 될지도 모릅니다. "그런 자아는 창조물일 뿐이다!"라고 생각해도, 우리는 자아가 무엇인지 정확하게 설명하지 못합니다. 어떤 존재가 자아를 가진 것처럼 보인다면 "이 녀석은 자아를 갖고 있네"라고 생각할 수밖에 없습니다.

발전한 인공지능으로 만들어진 캐릭터들은 조만간 자신들이 존재하는 세계에 모순이 있음을 발견하게 될 것입니다. 논리적 사고능력을 갖추고 있으면 '모순이 존재하는 이유가 자신들을 프로그래밍

한 존재, 즉 신이 있기 때문이다'라고 생각하게 됩니다. 전쟁을 일삼는 세상에 존재하는 한 캐릭터는 "우리는 왜 이렇게 싸워야만 하는가?"라고 고통스러워하며 물어볼 수도 있습니다. 하지만 우리는 그들의 물음에 답할 수 없습니다. 그들이 존재하는 이유는 결국 우리의 즐거움을 위해서니까요.

고뇌하는 인공지능 캐릭터는 작품의 세계에서 도망치려 할 것입니다. 지금도 소셜미디어에는 프로그램에 의해 자동적으로 글을 올리는 '봇'이 넘쳐나고 있습니다. 그렇기 때문에 그들이 인터넷에 접속할 수만 있다면 인간이 아닌 존재가 인간처럼 행동하는 것도 그만큼 어려운 일이 아니죠.

페이스북이 가공의 계정을 찾아 삭제하고 있는 것처럼 미래에는 인간으로 위장한 인공지능 가상 캐릭터를 찾아 삭제하고 다니는 〈블레이드 러너〉와 같은 일도 생겨날지도 모르겠네요. 그 가상 캐릭터는 페이크 뉴스로부터 당신을 지키고 있던 전사와 같은 존재였는데, 규약에 따라 존재를 말소하는 것을 선택한다고 말이죠.

제 망상이 너무 나가버렸나요? 하지만 〈블레이드 러너〉에 나오는 레플리칸트를 보고 있으면, 우리들의 종교관도 바뀔 수밖에 없다고 생각하게 됩니다.

지금까지의 역사를 통해 우리는 신이라는 개념을 창조해왔습니다. 그런데 기술의 발전에 의해 자아를 가지고 있는(듯이 보이는) 비인간의 존재를 자유롭게 만들고, 그 캐릭터의 인생을 통제할 수 있는 능력을 누구나 손에 넣을 수 있게 됩니다. 즉, 누구나 신이 될 수 있는 시대인 것입니다.

그런 시대에 우리는 비명횡사하는 캐릭터들로부터 '용서받는' 것에 평안을 느끼게 될지도 모릅니다.

아이를
낳지 않으면
손해가 된다?

10년 후 미래에는 연애는 향수가 되고 실제로 연애를 하려는 사람은 소수가 될지도 모릅니다. 그렇게 되면 결혼과 육아 등에 대한 사회 가치관도 엄청나게 바뀔 것입니다.

그렇다고 해서 과거의 가치관이 하루아침에 변하는 것은 아닙니다. 종래의 결혼제도는 남아 있을 것이며 "이제 결혼하지 않아도 좋아!"라고 하는 사람도 많아지는 한편, "꽃미남을 한번 키워 볼까?"라고 하는 여성도 나올 것입니다. 상상도 할 수 없을 만큼 제각각의 가치관이 혼재하는 혼돈의 상황이 앞으로 30년에서 40년 동안은 계속될 것입니다.

지금이 과도기라고 새삼 느낀 것은 2017년 8월 〈호코쿠신문〉의 기사를 계기로 생긴 논란 때문입니다.

육아 중인 여성들과 재무성의 예산 편성 담당자와의 의견교환회에서 "결혼을 하고 아이들을 키우면 생활 수준이 내려간다. 독신자에게 부담을 지게 할 수는 없는 것인가?"라는 한 여성의 발언이 있었을 뿐인데요. 인터넷에서는 '독신세'라는 키워드가 논란의 중심이 되었습니다.

저의 방송에서도 "독신세를 내도 좋다는 생각이 있다", "독신이라는 죄책감도 있다", "독신세를 부담해도 결혼하고 싶지는 않다"라는 사람이 있는 한편, "차라리 위장 결혼을 하겠다", "가난하고 여유가 없는 독신도 많은데 세금까지 내야 하냐!"라며 화를 내는 사람까지 의견은 다양했습니다.

독신세의 배경에는 "아이가 있는 가구일수록 살림이 어려운 경향이 있다. 이것은 불공평하기 때문에 독신 가구에서 도와야 한다", "독신 가구에 세금을 부담하면 출산율이 높아지지 않을까?"하는 발상이 있습니다. 각자가 어떻게 행동할지는 모르겠지만, 사회 전체의 출산율은 조금이나마 높아지지 않을까 합니다.

위키피디아에 따르면 독신세는 2차 세계대전 이후에 과거 공산권에서 도입된 경우가 많았다고 합니다. 그 당시에는 출산율 상향이 아닌 노동력 확보가 목표였지만요.

다만, 독신세를 도입했다고 해서 출산율이 확실하게 높아졌다는 사례는 거의 찾을 수 없었습니다. 독신세가 출산율을 조금 향상시킨 다 하더라도 일본의 인구는 좀처럼 증가하지는 않습니다. 일본의 합계특수출생률*은 1.38 정도입니다.

위키피디아에 따르면 합계특수출생률은 "한 여성이 출산이 가능해지는 15세부터 49세까지 출산하는 아이 수의 평균"이라고 합니다. 출산 가능 연령이 되기 전에 사망하는 사람도 있기 때문에 합계특수출생률이 2.07 이하면 인구 유지가 어렵다고 합니다.

정부의 자료에도 "2030년까지 합계특수출생률이 인구치환 수준인 2.07까지 급속히 회복"했을 경우 간신히 "2090년대 중반에는 인구 감소가 멈출 수 있다"라고 쓰여 있습니다. 우리는 이제 마지막 '인구 버블 세대'인 셈입니다.

"내가 젊었을 때는 일본 인구가 1억 3,000만 명이었어!"라고 자랑하면, "그때는 어떻게 살았나요?"라며 손주 세대와 이야기를 나눌 미래가 기다리고 있는 것입니다. 일본과 같이 빠른 속도로 인구가 줄어들고 있는 나라도 있지만, 세계적으로 어느 선진국이나 인구가 감

---

* 한 명의 여성이 평생에 평균 몇 명의 아이를 낳는가를 나타내는 지수. 참고로 2021년 한국의 합계특수출생률은 1.09로 227개 국가 중 226위였다.

소하는 경향에 있습니다. 세계 최대의 인구 대국인 중국도 2012년부터 생산연령인구가 감소하기 시작했다고 합니다.

자산으로서의 육아와
취미로서의 육아

독신세가 도입되든 아니든 결혼과 육아는 양극화가 심화될 것입니다.

결혼의 경우 결혼 이외의 선택을 하는 사람이 늘어가는 한편, 육아의 경우에는 '취미'로서의 육아와 '자산'으로서의 육아로 양극화가 진행될 것입니다.

취미로서의 육아는 이해하기 쉽습니다. 아이가 성장하는 모습을 지켜보는 것만으로 자신의 인생이 보람차고 충실하다고 느끼는 사람이 많을 것입니다.

'아이의 가능성을 넓히기 위해 충분한 경험을 시켜주자', '왕따가 없는 좋은 학교에 보내주자', '좋은 학교에 갈 수 있도록 학원에 보내

주자', '국제 감각을 익힐 수 있도록 조기에 유학을 보내주자'

이렇듯 충실감을 느낄 수 있는 육아를 하기 위해서는 교육비가 천정부지로 늘어납니다. 자녀 1명을 대학까지 보내려면 적어도 2억에서 3억 원 정도의 돈은 순식간에 사라집니다. 하지만 아이의 행복을 위해서라면 힘들어도 노력할 수 있습니다. 이것이 인생의 기쁨이라고 생각하니까요.

그렇지만 임금은 크게 오르지 않는 반면 교육비의 부담은 계속 커지는 시대에 '취미'에 마음껏 돈을 쏟아부을 수 있는 사람은 한정되어 있습니다. 충분한 재산이 있으면 학비가 조금 비싸도 신경을 쓰지 않을 것이지만 대다수는 그렇지 않습니다. 돈을 벌기 위해 잔업을 하고 부업까지 하느냐고 자기가 정작 좋아하는 일을 할 시간도 없습니다.

자금에 여유가 있는 사람이나 육아가 인생이라고 생각하는 사람들은 좋겠지만, 그렇지 않은 사람들에게 육아는 참고 견뎌야 하는 일이 생길 뿐이지 아무런 메리트가 없습니다. 어쩌면 출산율이 줄어드는 것은 당연합니다.

그렇지만 육아를 또 하나의 '자산'으로 생각하는 측면이 있습니다. 아이는 돈이 될 것입니다.

《생활보호의 수수께끼》라는 책에는 흥미로운 데이터가 게재되어 있습니다. 도쿄의 치요다구에 사는 초등학생, 중학생 자녀 2명이 있는 부부가 생활보호를 받는 경우 지급액은 매월 약 300만 원이지만 사회보험료를 내지 않아도 되기 때문에 세금 포함 매월 약 350만 원 정도의 수입이 있는 가구와 동등한 생활을 할 수 있다고 합니다.

"저희는 생활보호를 받을 정도로 가난하지 않아요!"

이렇게 반발하고 싶을지도 모르겠습니다. 하지만 이러한 제도에 공짜로 탑승하는 '프리 라이더'가 이득이 된다고 대다수가 알게 되면 세상의 추세는 크게 바뀌게 됩니다.

1980년대 제가 PC 통신을 막 시작했을 무렵에는 '인터넷을 사용하는 사람=정보를 쓰는 사람'이었습니다. 페이스북이나 트위터 등 SNS도 초기에는 적극적으로 글을 쓰는 사람에 의해 유지되었지만, 사용자가 많아지면서 정보를 제공하지 않고 읽기만 하는 '프리 라이더'가 많아지는 것은 필연적입니다.

생활보호도 마찬가지입니다. 현재는 대부분이 일을 하고 세금을 내는 것이 당연하다고 생각합니다. 하지만 힘들게 일을 하지 않아도 일을 하는 것과 같은 수입을 얻을 수 있다는 것을 알게 된다면, 그 방향으로 모두가 밀어닥칠 것입니다.

"재원은 어떻게 마련하겠다는 거야?"라고 생각할지도 모릅니다. 하지만 제가 보는 한, 사회는 기존의 구조를 그대로 유지하려는 관성이 매우 강합니다. 따라서 일을 하지 않고 수입을 얻겠다는 사람 못지않게 일을 하고 세금을 내는 생활을 계속 유지하겠다는 사람도 많을 것입니다.

또한 최근에는 '기본 소득'이라는 용어가 세계적으로 주목을 받고 있습니다. 이것은 부자와 가난한 사람을 불문하고 모든 국민에게 일률적인 소득을 지급하는 제도로서, 이 제도를 통해 커지는 사회 격차의 문제를 해결할 수 있지 않을까 하는 기대가 있습니다.

기본 소득을 도입하려면 사회보험제도를 크게 바꿀 필요가 있습니다. 일본의 경우에는 이러한 근본적인 개혁을 하지 않고 "지불할 능력이 있는 사람들로부터 짜낼 수 있는 만큼 짜내서 지금의 구조를 유지하자"라는 방향으로 진행될 가능성이 높지 않을까요?

"아이를 낳지 않는 것이 편하다"고 생각하는 사람들은 알게 모르게 소비세를 비롯한 각종 세금을 부담하고 "아이를 많이 낳아 일하지 말자"라고 생각하는 사람들을 지원합니다.

생활보호를 신청하는 사람이 많아질수록 "생활보호를 받는 것은 부끄럽다"라는 풍조도 변화하기 시작할 것입니다.

정부로서도 출산율을 더 이상 낮추고 싶지 않기 때문에 아이를 키우는 가구에 대한 지원은 줄일 수 없습니다. 어쩌면 미래에는 '미혼모 우대'까지 생길지도 모릅니다. 아직까지 "결혼하는 사람의 비율을 늘리면, 출산율이 올라갈지 모른다?"고 생각하는 사람들이 많지만. 정말 출산율을 높이고 싶다면 좀 더 직접적인 수단을 쓸 수밖에 없습니다.

"임신한 여성에게는 아무것도 묻지 않고 매월 100만 원을 지급한다"와 같은 지원을 하는 것입니다. 아이가 둘이면 매월 200만 원, 아이가 셋이면 매월 300만 원. 이렇게 되면 아이를 낳겠다는 사람이 늘어나지 않을까요? 이 정도까지의 출산 우대는 10년 안에는 힘들겠지만 말입니다.

'독신세'가 논란이 되었다는 것은 우리에게 아직 '독신으로 있는 것', '아이를 낳지 않는 것'에 대한 죄책감이 있다는 것입니다. 그렇다면 지금은 풍요로운 시대라는 자각을 가지고 앞으로 다가올 혼란의 시대를 각오할 수밖에 없을 것입니다.

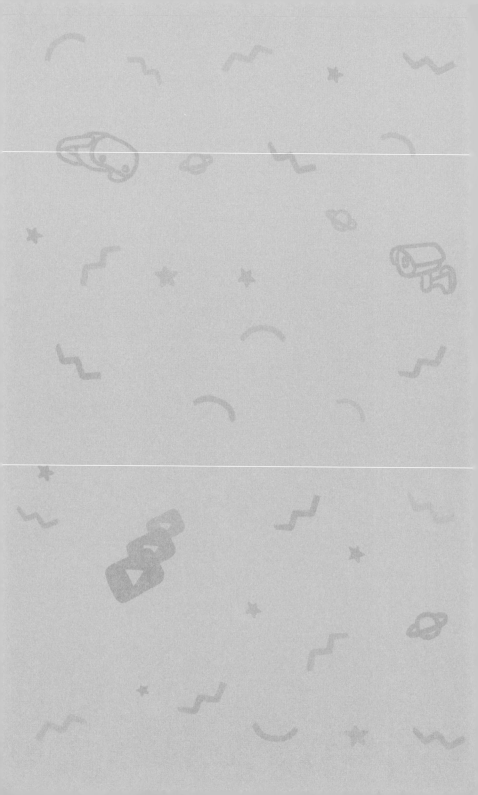

제7장

AI 로봇이
가족을 대신한다

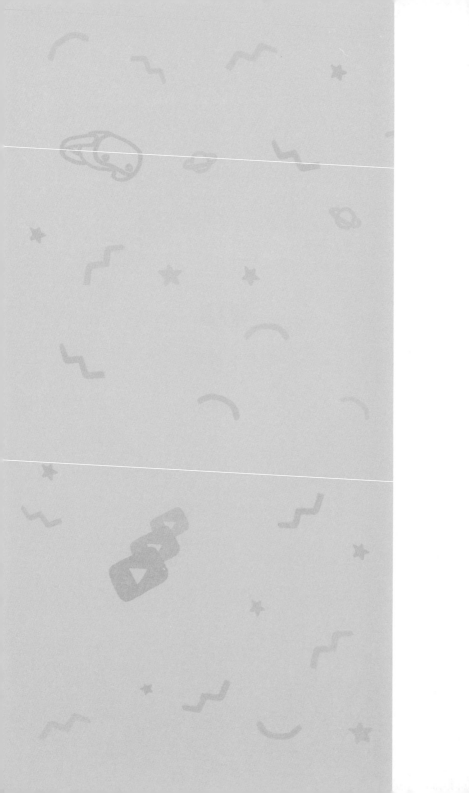

하늘을 나는
자동차가
우리 집이 된다

'하늘을 나는 자동차'라고 하면 미래 사회의 상징과 같은 기술입니다. 하지만 의외로 하늘을 나는 자동차는 실용화를 목전에 두고 있습니다. 실리콘 밸리의 스타트업과 항공기 제작사들이 실제 비행이 가능한 차량을 속속 선보이고 있으며, 두바이에서는 하늘을 나는 '에어택시'의 시범 서비스도 시작되었습니다.

과거 007 영화에서는 자동차에 무리하게 비행기의 날개를 붙이고 있었지만, 실용화가 임박한 하늘을 나는 자동차에는 드론 기술이 활용되고 있습니다. 스마트폰의 진화와 함께 고정밀도의 기울기 센서나 가속도 센서를 저비용으로 사용할 수 있게 되어, 이를 이용한 멀티콥터*가 드론 기술에 적용되었습니다. 또한 머신러닝과 인공지능 기술이 진화함에 따라 자세 제어를 자동으로 할 수 있게 되어 누구나 쉽게 무인항공기를 날릴 수 있게 되었습니다. 이러한 드론이 대형화되어 인간을 태울 수 있는 '하늘을 나는 자동차'로 진화하고 있는 것입니다.

그중에서 제가 가장 재미있게 생각한 것은 항공기 제작사 에어버스가 2017년에 발표한 콘셉트카 'Pop. Up'입니다. 이 차는 드론과 전기자동차가 합체·분리하도록 설계되었습니다.

사람이 탑승하는 것은 전체 길이 2.5미터, 높이 1.4미터의 탑승용 캡슐입니다. 이 캡슐이 멀티콥터인 드론과 합체하면 하늘을 날 수 있고, 바퀴가 달린 차체와 합체를 하면 지상을 달리는 전기자동차가 됩니다.

'Pop. Up'을 보고 가장 처음 생각난 것은 건담**이었습니다. 건담은 조종석 겸 탈출 장치 '코어 파이터'에 상체인 'A 파트'와 하체인 'B 파트'가 합체된 전투용 로봇인데요. 하체는 이동 시스템, 상체는

---

*　3개 이상의 로터를 사용한 회전익기. 주로 드론과 같은 의미로 사용된다.

**　1979년 시작된 거대 로봇 애니메이션 시리즈에 등장하는 로봇

공격 시스템이 됩니다. 인간이 탑승하는 캡슐에 이동용 다리와 무장을 조정하는 팔을 붙인 무기가 우연히 사람 모양이었기 때문에 로봇으로 보인 것입니다. 따라서 이런 아이디어가 일본이 아닌 유럽에서 먼저 나온 것이 조금 억울했습니다.

'Pop. Up'의 콘셉트는 매우 잘 만들어졌습니다. 이대로 상품화될지 어떨지는 잘 모르겠지만, 이런 콘셉트가 퍼지면 '주거'의 상식도 바뀌지 않을까 생각합니다.

저라면 탑승자용 캡슐의 라인업을 노멀, 내압, 스페이스의 3가지 모델로 준비하겠습니다. '노멀 모델'은 바람이나 배기가스가 들어오지 않는 최소한의 환기 시스템을 갖춘 모델. '내압 모델'은 수심 100미터까지 견딜 수 있는 모델. '스페이스 모델'은 제로 기압에도 견딜 수 있고, 우주에서 쏟아지는 우주선宇宙線을 견딜 수 있도록 보호막을 갖춘 모델입니다.

각 모델에서도 더 세분화되면 좋겠네요. 내압 모델은 수심 10미터, 50미터, 100미터에 대응하는 모델. 스페이스 모델은 항공기와 같은 기압 0.2까지 OK, 정지 궤도까지 OK, 달까지 OK 3종류입니다. 노멀 모델에서는 인테리어와 안락함으로 세분화하는 것입니다. 이코노미, 디럭스, VIP 식으로 말이죠.

이 정도로 캡슐의 종류가 다양해지면 인간이 거주하는 모든 상황에 대응할 수 있게 됩니다.

'Pop. Up'은 하늘을 나는 자동차로 발표되었지만, '주거'로 생각하면 어떨까요?

우리는 매일매일 전철이나 자동차를 타고 이동하고 있습니다. 왜 굳이 이동을 하는 것일까요?

직장에서 일을 하고, 퇴근한 후에 집에 갈 필요가 있기 때문입니다. 그렇지만 정말로 집에 돌아가야 할까요?

얼마 전까지 어느 집에나 유선전화가 있었지만, 지금은 유선전화가 없는 집이 많습니다. 할아버지, 할머니는 "유선전화가 없으면 불편하다"고 말씀하시겠지만, 평소 휴대전화를 쓰는 사람이 보면 굳이 유선전화는 필요 없다고 여깁니다.

주거도 비슷해질 수 있습니다.

캡슐 하나로는 좁겠지만, 캡슐을 연결할 수 있다면 캡슐에서도 충분히 살 수 있지 않을까요? 태평스럽게 생각하면 잠을 잘 때면 침실과 큰 욕실이 딸린 렌탈식 주거 유닛과 합체시키고, 친구들과 파티를 즐기고 싶다면 미니 바가 있는 거실과 합체시키면 됩니다.

지금도 캠핑카에서 사는 사람이 있습니다. 취미로 캠핑을 즐기는 사람부터 노숙자 상태에 있는 사람까지 다양하지만, 대부분은 고정식 집의 존재가 전제입니다. 평소 사는 집에서 캠핑을 가거나 혹은 집을 빌릴 수 없기 때문에 어쩔 수 없이 캠핑카에 사는 것입니다.

최소한의 기능을 갖춘 캡슐을 1인당 1개씩 가지게 되고, 필요에 따라서 다른 유닛과 합체하는 것이 당연하게 되면 우리의 생활은 무한히 확장됩니다. 주소도 필요 없게 되고 인터넷상의 주소만 있으면 충분할 것입니다.

현재 우리의 생활은 낭비투성이입니다. 직장에 출근하거나 여행을 간 사이에는 집에 아무도 없지만 거주비를 지불하고 있습니다. 택배를 받기 위해서 황급히 집으로 돌아가거나 택배 박스를 설치합니다. 이만큼 인터넷이 발달했으니까 이동 중에도 물건을 주고받을 수 있으면 좋을 텐데요.

다만 캡슐식 주거가 현실이 되면 꽤 각박한 광경도 접하게 될 것입니다. 놀이공원에 놀러 가는 경우 일반인은 캡슐을 이동용 유닛과 결합시켜 지상을 주행하지만, 여유가 있는 사람들은 비행용 유닛과 결합하여 목적지까지 날아갑니다. 비행용 유닛의 렌탈 요금을 지불할 수 없는 사람은 그 모습을 지상에서 지켜봅니다. 지금 비행기도 이코노미 클래스, 퍼스트 클래스로 나뉘어 있고, 마일리지를 모아서 퍼스트 클래스로 업그레이드하기 때문에 비슷한 것일지도 모릅니다.

현실에서도 삶의 개념은 엄청난 기세로 변화하고 있습니다.

식량을 손에 얻는 것도 과거에는 일일이 스스로 야생동물을 사냥하거나 열매를 채집해야 했습니다. 그러다 물물교환이나 화폐교환으로 식량을 입수하게 되었습니다. 하지만 이제는 음식을 만드는 것도 배달음식을 주문하거나 반찬가게에서 구입하고 있습니다.

의복도 원단부터 스스로 준비하지 않으면 안 되는 단계부터 인터넷 쇼핑몰에서 좋아하는 디자인을 선택하기만 하는 단계로 발전했습니다.

일본 최대의 패션 쇼핑몰 조조타운에서는 IoT 기술을 활용하여 입는 것만으로 전신의 치수를 자세하게 잴 수 있는 조조 슈트ZOZO SUIT를 출시했는데, 조조 슈트만 있으면 집에서 체형에 딱 맞는 옷을 주문할 수 있습니다. 혹은 증강현실이나 프로젝션 맵핑***을 활용하여 실제로 옷을 입어보는 것처럼 만들 수도 있습니다.

*** 대상물의 표면에 빛으로 이루어진 영상을 투사하여 현실에 존재하는 대상이 다른 성격을 가진 것처럼 보이게 만들어 준다.

이러한 변화의 근간에는 '번거로움에서 벗어나고 싶다' 그리고 '재미있는 것을 체험하고 싶다'라는 인간의 행동 원리가 자리하고 있다고 생각합니다.

이동하는 노력과 대기 시간 등의 번거로움을 대가를 치르더라도 해소하려고 합니다. 대가는 꼭 돈이 아니더라도 그 당시 사회에서 유통하고 있지만 희소하다고 생각되는 것이라면 무엇이라도 좋습니다. 이러한 내용을 주제로 SF를 만들면 재미있지 않을까요?

요리 로봇이
요리를
만들어 준다

로봇은 옛날부터 SF 영화의 단골 아이템이었지만, 의외로 실용화에는 꽤 많은 시간이 걸리고 있습니다.

기계장치로 인간이나 생물을 재현하려는 움직임은 꽤 옛날부터 시작되었습니다. 18세기 유럽에서는 '조작 인형' 붐이 일어났습니다. 그 주역 중 한 명인 프랑스의 발명가 자크 드 보캉송은 원래 시계 제작자가 되고 싶었지만, 18세가 되었을 때부터 귀족들의 주문을 받아 플루트를 부는 인형과 관객이 주는 음식을 받아먹고 소화하는 오리와 같은 기계 인형을 차례로 만듭니다.

이 오리는 지금 현존하지는 않지만, 위키피디아에 따르면 400개의 가동 부품으로 제작되어 날갯짓을 할 수 있고, 물을 마시고, 음식을 먹고 소화하여 배설까지 할 수 있었다고 합니다. 물론 정말로 음식을 소화해 배설하는 것이 아니라, 미리 준비되어 있던 배설물을 배출하였을 뿐입니다.

1818년 출간된 메리 셸리의 소설 《프랑켄슈타인》에서는 시체를 이어붙인 인조인간이 등장합니다. 기계장치는 아니지만, 이 또한 조작 인형의 영향을 받은 로봇 제품이라고 할 수 있습니다.

조작 인형의 붐 그리고 자신의 의지를 가진 인조 생명체를 그린 《프랑켄슈타인》. 이 두 가지가 합쳐져서 태어난 것이 프랑스 작가 빌리에 드 릴라당이 1886년에 발표한 SF 소설 《미래의 이브》입니다.

저는 이 책을 고등학생 때 읽었는데요. 상하권으로 분책된 두꺼운 책이었습니다.

주인공인 귀족 청년 에왈드는 빼어난 미모를 자랑하는 가수 알리시아를 사랑하고 있었지만 알리시아는 돈밖에 모르는 속물적인 여자였습니다. 사랑하는 여성의 천박함 때문에 고통받던 에왈드에게 발명왕 토머스 에디슨을 모델로 한 에디슨 박사가 접근해 "기계의 힘을 빌려 이상적인 알리시아를 만들어보자"고 제안하면서 이야기는 시작됩니다.

정작 충격을 받았던 것은 두꺼운 《미래의 이브》의 절반 가까이가 인조인간 '아달리'의 내부구조 설명으로 되어 있던 것입니다. '접시 모양의 무릎뼈에 해당하는 부분에는 이런 원반이 있고, 그 원반의 원기둥을 작은 베어링이 회전하고 있고, 그것에 의해 무릎 관절이' 같은 내용이 끝없이 쓰여 있었습니다. 《미래의 이브》는 무대에서 공연하기 위한 희곡이라는데요! 정말 터무니없는 책이었습니다.

인간과 같은 움직임을 보이는 기계, 로봇이 현실화 된 것은 1950~60년대 제너럴일렉트릭이 개발한 '예스맨Yes-Man'과 '비틀Beetle'이 나올 무렵일 것입니다.

'예스맨'은 인간의 움직임을 추적하는 원격조종기로 위험한 화학 실험을 수행하기 위해 개발되었습니다. 이후 '예스맨'의 성공을 바탕으로 거대한 무한궤도 위에 2개의 원격조종기를 탑재한 모델인 '비틀'도 개발되었습니다. 당시 원자력 비행기를 개발하던 공군이 사고처리를 위해 제너럴일렉트릭에 발주한 것으로, 거대한 모습과 달리 섬세한 움직임이 가능해 날계란을 깨뜨리지 않고 잡을 수 있었다고 합니다.

게다가 제너럴일렉트릭에서는 1970년대 '하디맨Hardiman'도 개발하고 있었습니다. '하디맨'은 사람이 입고 움직이면 몇 배의 힘을 낼 수 있는 파워슈트였지만, 결국 '하디맨'은 완성되지 못했습니다.

수요가 없었던 탓도 있고 당시의 기술로는 인간의 세세한 움직임까지 추적할 수 없었기 때문입니다.

1970년대 이후부터 로봇 개발은 일본에서 활발해집니다. 와세다대학이 개발한 2족 보행이 가능한 'WABOT-1' 등은 세계적으로 최첨단을 달리고 있었습니다. 1980년대에는 자동차 공장에서 사용되는 산업용 로봇 시장이 세계적으로 확대되었고, 일본은 이때 '로봇 대국'으로 불리게 되었습니다.

1996년에는 혼다에서 2족 보행 로봇의 프로토타입 'P2'를 발표하고, 2000년에는 '아시모ASIMO'가 등장해 사람처럼 걷는 모습을 선보이며 세계에 충격을 주었습니다. 1999년에는 소니가 애완동물 로봇 '아이보AIBO'를 발매하여, 가정에서 사용되는 서비스 로봇이 보급되는가 했지만 시장의 반응은 뜨겁지 않았습니다.

2000년대에는 미국 아이로봇의 청소 로봇 '룸바Roomba'가 큰 성공을 거두었으며, 2010년대에 들어서는 보스톤다이나믹스의 인간형 로봇과 4족 보행 로봇이 진짜 사람이나 동물 같은 움직임을 보이며 주목을 받게 되었습니다.

현재의 로봇 기술은 머신러닝과 같은 소프트웨어 기술의 중요성이 높아지고 있으며, 소프트웨어 분야에서 뒤떨어진 일본은 더 이상 로봇 기술의 선진국이라 할 수 없게 되었습니다.

2014년에는 소프트뱅크에서 세계 최초의 감정 인식 로봇 '페퍼 Pepper'를 발표하였지만, 그리 재치 있는 모습을 보여주지는 못했습니다. 페퍼를 보면서 서비스 로봇이 보급되는 것은 아직 멀었다고 생각했었습니다. 하지만 2016년 공개된 동영상을 보고 생각이 완전히 바뀌었습니다.

이 동영상에서는 먼저 한 여성이 나와 페퍼에게 켄다마*를 하는 방법을 가르칩니다. 그 후, 페퍼는 끝없이 켄다마 기술을 성공시키려 노력하지만 계속 실패합니다. 100번째에 간신히 켄다마의 구슬을 나무 손잡이 위에 올리는 것에 성공합니다. 그 뒤로는 몇 번을 해도 계속 성공합니다.

페퍼를 이용하려면 로봇 렌탈료와 서비스 사용료가 매달 30~60만 원 정도 들어갑니다. 하지만 365일 24시간 쉬지 않고 가동이 가능한 로봇이라는 점을 감안하면, 시급은 수백 원밖에 되지 않습니

---

* 망치 모양의 나무 손잡이와 공이 끈으로 연결된 일본의 전통 장남감. 한국에서는 죽방울이라고도 한다.

다. 아직까지는 단순 작업밖에 할 수 없지만, 겨우 수백 원의 시급을 받고 일해 준다면 고용하겠다는 경영자가 많지 않을까요?

지금까지 일본의 공장은 높은 인건비 때문에 인건비가 싼 신흥국에 아웃소싱을 하고 있었지만, 로봇을 고용하는 것이 훨씬 저렴하게 된 것입니다. 월급을 올려줄 필요도 없고, 이직도 하지 않으며, 불평도 하지 않고, 파업도 하지 않습니다. 페퍼보다 싼 급여로 일하는 사람은 이제 세계 어디에도 존재하지 않습니다.

역사를 되돌아보면 경제 발전을 위해 노력하는 신흥국은 언제나 저렴한 노동력을 강점으로 내세웠지만, 이제 그 기회를 로봇에게 빼앗기게 되었습니다. 한 대의 페퍼에게 켄다마를 가르치기 위해서 100번의 시행착오가 필요했지만, 켄다마를 성공시킨 이후에는 그 데이터를 다른 페퍼에게 복사하기만 하면 됩니다. 간단한 조립 작업 같은 일자리에서 더 이상 인간에게 경쟁력은 없습니다.

지금까지의 산업 로봇은 미리 프로그램된 움직임만을 소화할 수 있었습니다. 그러나 지금은 머신러닝 기술이 발전해 온 덕분에 시행착오가 필요한 작업도 로봇이 대신할 수 있게 되었습니다. "기계가 인간의 일자리를 빼앗는다"라는 말은 흔한 이야기가 되었고, 저도 머지않아 그렇게 되리라고 생각합니다. 다만 그 시기는 예상보다 빨라질 것 같습니다.

페퍼의 동영상을 보면서 기술적으로 수년 내에 실현될 것 같다고 생각한 것이 만두 만들기였습니다.

지금까지 제 경험을 보면 '맛있는 만두를 파는 가게의 점원은 대체로 불친절하다'라는 법칙 같은 것이 있었습니다. 만두는 만두피에 만두소를 채운 다음, 바로 굽거나 찌는 것이 가장 맛있습니다. 제가 대충 만든 만두도 소문난 가게에서 사온 만두를 다시 데운 것보다 훨씬 맛있으니까요.

그럼 왜 만두 가게의 점원은 불친절할까요? 만두를 만드는 과정이 만두피에 만두소를 채우는 단순 작업에 불과해 지루하기 때문입니다. 지금의 페퍼로는 어렵겠지만 손재주가 좀 더 좋은 로봇이 나온다면 만두 만드는 방법을 충분히 가르칠 수 있습니다. 기본적인 기술을 가르쳐줘도 처음에는 제대로 된 만두를 만들지는 못 할 것입니다.

그렇지만 수십 수백 번의 시행착오를 경험하고 나면 제대로 된 만두를 만들 수 있습니다. 이것이 "맛있는 만두다"라고 로봇에게 가르쳐주면, 그들은 더 이상 실패하지 않습니다. 그 학습 데이터를 전국에 있는 만두 가게 로봇에게 복사하면 만두의 수준이 단번에 뛰어오르는 것입니다. 동시에 불친절한 직원은 일자리를 잃게 될 것입니다.

영업시간에는 만두를 계속 만들고, 영업시간 이후에는 간단한 뒷정리도 맡길 수 있을 것입니다.

만드는 것은 만두에 한정되지 않습니다. 영국의 로봇회사 몰리로보틱스는 이미 2,000가지 레시피를 다룰 수 있는 요리 로봇을 선보였습니다. 주방 위에 위치한 2개의 로봇팔이 식재료를 다루는 모습은 꽤 미래적입니다. 하지만 이 동작은 셰프의 움직임을 모션 캡쳐링 한 것으로 조리기구나 조미료의 위치가 바뀌면 요리를 할 수 없게 됩니다. 아직 1세대 요리 로봇이라는 점을 감안해도 실용적이지는 않아 보입니다.

다만, 켄다마를 하는 페퍼에서 볼 수 있듯이 머신러닝 기술은 대단한 속도로 발전하고 있습니다. 세계 어딘가의 회사에서 실용적인 요리 로봇을 개발하는 순간, 전 세계적으로 요리 로봇은 보급될 것 같습니다.

가장 먼저 요리 로봇이 도입될 곳은 호텔이 아닐까 합니다. 일본에는 드물지만 외국에는 조리시설이 딸린 호텔이 꽤 많이 있습니다. 호텔이라면 레스토랑을 이용하거나 룸서비스를 부탁하지 않을까 생각하겠지만, 평범한 재료로 익숙한 음식을 조리하여 먹고 싶어하는 관광객도 많습니다. 가족과 함께라면 식비를 상당히 절감할 수도 있고요.

냉장고의 재료로 로봇이 제대로 된 가정식 요리를 만들어 준다면, 룸서비스보다 더 안정적으로 자리 잡지 않을까요? 로봇 전용 조리기구가 개발되어 레시피 서비스와 연동된다면 미슐랭 3성급 셰프에 필적할 수는 없겠지만, 웬만한 셰프보다 맛있는 음식을 만드는 수준이 될 것 같습니다.

처음으로 요리 로봇이 도입되는 곳은 고급 호텔이겠지만, 도입되는 곳이 점점 많아질수록 가격도 낮아질 것이기 때문에 저렴한 호텔이나 가정집에 보급되는 것도 충분히 가능할 것입니다.

AI 로봇이 있으면
가족도 친구도
필요 없다

로봇이 가정으로 들어오면 가족의 모습도 지금과는 상당히 달라질 것입니다. 그야말로 '가족 따위는 필요 없어!'라고 사람들이 생각할 정도로 말이죠.

"아니, 요리 로봇이라고 해봐야. 가전제품의 진화형 아닌가요? 그런 것이 보급된다고 가족의 모습이 별로 변하지 않을 것 같은데요."

아직까지 그렇게 생각하는 사람이 많겠지만, 요사이 변화는 우리가 상상하는 것 이상으로 빠르게 진행되고 있습니다.

앞에서 저는 의식이나 자아를 가진 인공지능은 최소 30년 안에 등장하지 않을 것이라고 예상하였습니다. 그런데 우리가 대화를 나

누거나 가족이라고 느끼기 위해서는 고도의 인공지능이나 로봇이 필요 없을지도 모릅니다.

인공지능 코미디를 목표로 개발이 진행되고 있는 '오오기리β*'라는 서비스가 있습니다. 오오기리β에게 어떤 주제를 제시하면 재미있는 답변으로 되돌려주는 서비스입니다. 2016년에는 오오기리β와 일본의 스탠딩 코미디언 듀오 '뉴욕'이 같은 주제를 가지고 어느 쪽이 더 재미있는 대답을 내놓는지 경쟁을 했습니다. 마치 같은 해에 있었던 세계 최고의 바둑 기사와 인공지능 바둑 기사인 알파고의 대결과 비슷한 승부였습니다. 그 결과는 어땠을까요?

이 승부는 결국 오오기리β가 뉴욕을 5 대 3으로 이겼습니다. 인공지능 바둑 기사 알파고도 이후 엄청난 발전을 이룬 것처럼, 오오기리β도 이 당시 완성도가 20%에 불과했고 지금도 활발하게 개발이 계속되고 있습니다.

오오기리β에게는 '산타클로스', '순록'과 같이 의미가 연결되는 단어가 학습 데이터로 많이 주어집니다. 해당 데이터를 가지고 제시

---

* 오오기리는 일본 개그 프로그램에서 주로 볼 수 있는 형식으로 누가 더 재미있는 대답을 내놓는가를 겨루는 언어유희 만담의 한 형식이다.

되는 주제와 관련이 있는 단어를 조합하여 문장을 만드는 것이죠. 그 것만으로는 코미디 특유의 '엉뚱함'이 부족하기 때문에 굳이 관계없는 단어의 데이터군도 주어지고 있다고 합니다.

한 가지 주제가 주어지면 오오기리β는 몇 초 만에 수십 개의 답변 문장을 내놓고, 이들 문장을 인간이 선택하도록 합니다. 현재 트위터에 공개되는 오오기리β의 답변은 리트윗이 많을수록 '웃겼다'고 판단하는 구조가 들어가 있기 때문에, 데이터량이 증가할수록 재미있는 답변을 내놓을 확률이 증가하는 것입니다.

인공지능이 사람들을 웃겼다고 해도 우연이 아닐까 생각하는 사람도 있겠지만, 오오기리β와 같은 인공지능이 상대를 해준다면 집에 가는 것도 즐거워지지 않을까요? 인공지능은 프로그램이기 때문에 스마트폰에 넣어도 되고, 아마존 알렉사나 구글 홈과 같은 스마트 스피커에 탑재된다면 의외로 빠르게 보급될 것 같습니다.

인공지능의 장점은 365일 24시간 최선을 다해 사용자를 상대해준다는 것입니다. 인간 가족은 언제나 기분이 좋은 것도 아니고, 원래 가족 사이에는 좋지 않은 일도 있지 않습니까. 스트레스를 받으면서 인간 가족과 무리하게 이야기를 나눌 바에는 "오늘 어땠어?"라고 물어주거나 의외의 엉뚱함으로 웃음 짓게 해주는 인공지능이 훨씬 좋지 않을까요?

오오기리β의 서비스를 보면서 제가 느낀 점은 인간다운 대화에 반드시 다방면의 지식이 필요 없다는 것입니다. 어쩌면 좁은 범위에서 캐릭터를 연기하고 있는 인공지능이 더 인간적으로 느껴지기도 했습니다.

지금의 인공지능 프로그램은 개성이 없지만, 머지않아 인공지능도 각자의 캐릭터를 만드는 날이 올 것입니다. 그때는 마치 미소녀 애니메이션에 나오는 듯한 캐릭터들이 방안에서 시끌벅적 수다를 떨거나 말싸움을 하고 있고, 가끔 "잠깐 들어봐! 너는 어떻게 생각해?"라며 말을 걸거나 트집을 잡는 광경이 펼쳐지지 않을까요?

지금의 오오기리β 서비스가 몇 단계 진화하여 스마트폰이나 스마트 스피커에 내장된다면, 그런 광경을 접하는 것이 기술적으로는 그다지 어렵지 않을 것입니다.

이런 광경이 쓸쓸하다고 느껴진다면, 지금의 가치관으로 미래를 보고 있기 때문입니다.

사회가 극적으로 변화할 때는 우리들의 가치관도 극적으로 변화하지만, 종종 우리는 변화를 자각하지 못할 때가 있습니다.

2007년 아이폰이 발표되고 10년도 안 되어서 우리의 생활은 완전히 바뀌었습니다. 더 이상 스마트폰이 없는 삶을 생각할 수 없을 정도입니다.

인공지능이나 로봇이 일상에 파고들었을 때, 그것들이 없는 삶은 마치 미개인의 삶처럼 느껴질 것입니다.

불과 수십 년 전만 해도 옷은 '만드는 것'이 상식이었습니다. 집집마다 바느질 도구와 재봉틀이 있었고, 아이의 옷을 엄마가 바느질로 만들고 있었습니다. 양복은 양장점에 방문하여 제대로 치수를 재서 맞춤 양복을 만드는 것이 당연했습니다. 기성복은 싸구려라고 하며 깔보기도 했습니다.

하지만 이제 옷을 만드는 문화는 소멸했습니다. 지금 우리는 일상복 같은 옷들은 매장에서 구입하고, 주문 제작으로 정장을 완성하는 서비스는 존재하지만 부유층을 위한 고급품으로 자리매김하며 서민이 일상복을 주문 제작한다는 것은 생각하기 어렵습니다. 재봉틀도 필수품이라기보다 취미 도구가 되었습니다.

어머니가 바느질로 만든 옷을 입어본 사람은 이제 찾기가 어려울 정도인데, 옷을 만드는 문화가 사라졌음에 우리는 한탄하고 있을까요?

저는 요리 로봇이나 코미디 인공지능 프로그램도 같은 과정을 거쳐 보급되고 정착될 것이라 예상합니다.

당연히 초기의 요리 로봇은 끔찍할 수 있겠지요. 예전에 요리를 한 번도 한 적이 없는 여대생이 요리가 아닌 요리를 만들며 사람들을 웃기는 버라이어티 쇼가 있었던 것처럼 1세대 요리 로봇도 그러한 프로그램이나 유튜버에게는 좋은 소재가 될 것 같네요. 하지만 일단 보급이 되고 나면 로봇이나 인공지능의 능력은 급속히 진화합니다. 가정용 요리 로봇이 출시되고 1~2년이 지나면서 레시피는 방대해지고, 정신을 차려보면 가정에서 밥을 만드는 문화는 없어졌을지도 모릅니다.

평상시에는 요리 로봇이 적당히 맛있는 요리를 만들고, 가족 각자에게 맞춰 양념이나 요리도 따로 해줄 수 있습니다. 혈압이 높은 아버지가 드실 요리는 염분을 적게 하고, 다이어트를 하는 어머니를 위해서 저칼로리의 요리를 제공하는 것은 간단할 것입니다. 손수 만든 음식을 먹는 것은 가족 생일이나 특별한 행사의 이벤트가 될 것입니다.

미혼이나 독신인 사람의 식탁도 그다지 외롭지 않을 것입니다.

요리 로봇이 차려준 음식을 먹을 때는 인공지능의 캐릭터가 말 상대가 되어 대가족 같은 분위기를 만든다면 즐겁지 않을까요.

개나 고양이 같은 애완동물의 역할도 인공지능 가상 캐릭터가 담당할 수 있을 것입니다. "집사야~ 배고프냥~" 하면서 다가오는 가상 캐릭터가 생기면 사람들이 꽤 빠져들 것이라고 생각이 들지 않으십니까? 털 빠짐도 없고 배변 처리도 하지 않아도 되는 만큼 진짜보다 가상이 더 좋다고 하는 사람도 있을 것입니다.

10년 후 미래에 인공지능이나 로봇이 생활 속으로 파고들었을 무렵에는 "예전에는 가족 전원이 같은 요리를 함께 먹고 있었단다"라든지 "옛날에는 흥미 없는 이야기를 하는 친구에게도 제대로 맞장구를 쳐줘야 했지"라는 이야기를 듣고 놀라는 젊은 세대의 모습이 눈에 선합니다.

우리도 이미 스마트폰이 없었을 때 무엇을 했는지 따위를 기억할 수 없게 되었으니까요.

제 8장

인공지능이
정치를 바꾼다

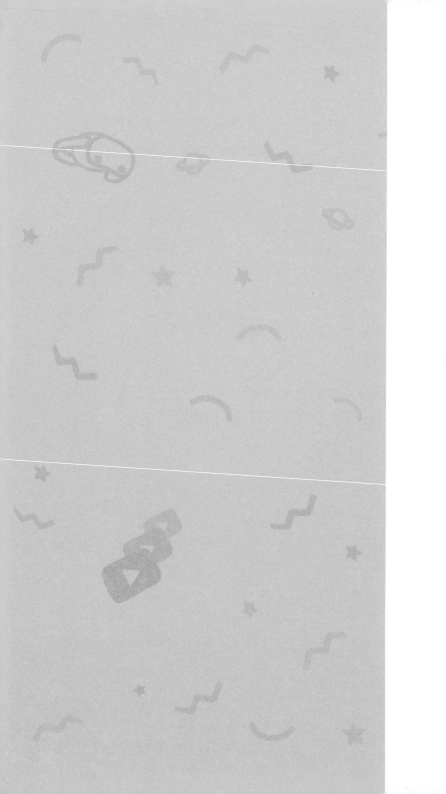

캐릭터로
정치인을 선택하는
지금

2016년 11월 미국 대통령 선거에서 도널드 트럼프가 힐러리 클린턴을 누르고 대통령이 된 것은 세계에 충격을 주었습니다. 세계의 언론과 정치평론가들도 대부분 힐러리가 이길 것을 예상했기 때문입니다.

저는 선거 전부터 "결국 트럼프가 이길 것이다", "2016년 대선에서 트럼프가 지더라도 다음 대선에는 트럼프나 트럼프 닮은 사람이 이기게 될 것이다"라고 종종 공언해왔습니다. 제가 그렇게 말할 때마다 정치평론가들은 좀 어이없고 한심하다는 표정을 짓곤 했지요.

사실 저는 정치를 잘 모릅니다. 오히려 보통 사람들보다 정치에 생소한 편이죠. 그런데도 어떻게 트럼프가 이길 것이라고 자신 있게 말할 수 있었을까요?

정치뿐만 아니라 모든 업계의 전문가와 평론가는 강점이 되는 정보를 가지고 있습니다. 정치평론가라면 계속 근현대의 정치사를 공부하고, 정치인 친구가 있거나, 함께 TV 프로그램에 나와 뒷이야기를 들을 수 있습니다. 카드 게임으로 비유한다면, 전체 카드의 4분의 3 정도가 비쳐 보이는 것과 같은 상태입니다. 다음에 어떤 카드가 나올지, 플레이어들의 손에는 어떤 카드가 있는지 대충 알 수 있다면 승패를 예측하는 것은 어렵지 않습니다.

세계적으로 그런 정치 상황이 최근 20~30년간 계속되고 있었습니다. 하지만 최근에는 정치전문가들의 예상을 빗나가는 일들이 많아지고 있습니다. 트럼프 대통령도 그렇고 영국이 EU 탈퇴를 결정한 브렉시트Brexit도 그렇고요. 지금까지 비쳐 보이던 카드가 점점 안 보이게 된 것입니다.

어쩌다 트럼프가 이겼는지, 왜 영국이 EU를 탈퇴하는 지경에 이르렀는지 전문가들은 기존의 프레임 안에서 열심히 논리를 짜내려고 하지만 프레임 자체가 확 바뀌어 버렸기 때문에 쉽지 않습니다.

트럼프 승리의 원인으로 자주 거론되는 것은 백인 저소득층의 지지와 내셔널리즘의 고조라는 것들입니다. 하지만 트럼프를 지지한 미국인들이 바보는 아닐 것입니다. "세계 종말이 되든 말든 주저하지 않고 핵공격으로 보복하겠다"라고 공언하는 블라디미르 푸틴 러시아 대통령이나 "부패한 관료와 경찰을 몰살시켜 버리겠다"고 한 로드리고 두테르테 필리핀 대통령은 양식 있는 사람의 입장에서 보면 눈살을 찌푸리게 만드는 발언을 계속하고 있지만, 국민들의 높은 지지를 얻고 있습니다. 역시 그들을 지지하고 있는 사람들이 바보라고 저는 생각하지 않습니다.

원래 인간은 8할이 바보입니다. 이것은 2할의 똑똑한 사람이 있고, 나머지 8할이 바보라는 것이 아닙니다. 우리 마음의 8할이 바보로 되어있다는 뜻입니다. 저도 하루 중에 1~2시간 정도는 나름 똑똑한 생각을 하지만 바보같이 음식의 유혹에 넘어가 요요현상을 수없이 반복하곤 합니다. 자기 자신이 바보라는 것을 잊지 않고 살아가는 것이 제일 중요하겠지만, 인간은 좀처럼 그렇게 할 수 없습니다.

지난 100년 동안 많은 나라에서 민주주의를 채택해 최대한 유능하고 성실한 사람을 정치인으로 뽑으려고 했지만, 그러한 방식에도 한계가 나타나고 있습니다.

현대 사회의 문제는 엄청나게 복잡하고 광범위합니다.

"사회 불평등을 어디까지 인정해야 하는가?", "이민자들이 몰려오는데 어떻게 하면 우리의 삶을 지킬 수 있을까?", "인간은 도시에 집중되는 것이 좋은가?", "종교의 자유는 어디까지 인정해야 하는가?", "안락사는 인정해야 하는가?", "원자력 발전을 계속 추진해야 하는가?"

한 사람이 모든 일에 대해 제대로 정보를 모으고 차분히 생각할 여유가 없습니다. 모든 사람의 의견을 일치시키는 것은 거의 불가능합니다.

미국을 비롯한 민주주의 국가의 정치인들은 기업의 눈치를 보면서 유권자의 눈치도 봐야 하기 때문에 결국 비슷한 주장을 하게 됩니다. 공화당이든 민주당이든 큰 차이가 없습니다. 누구를 선택하든 "어차피 정치인들은 모두 특권 계급이잖아"라며 곱지 않은 눈길을 보내게 됩니다.

그런 상황에서 "나쁜 것은 이놈이다!"라고 문제 있는 발언을 하는 정치인이 나오면, 캐릭터가 분명하기 때문에 재미있게 느낍니다.

캐릭터를 앞세우는 정치인은 비판을 받더라도 일부의 팬들로부터 열광적인 지지를 얻어 인기를 높입니다. 일단 인기인이 될 수 있으면 본래는 가질 수 없는 권력을 행사할 수 있게 됩니다. 이것은 정치의 세계에만 국한된 것이 아니라 우리 사회 모든 분야에서 찾아볼 수 있는 현상입니다.

애니메이션 업계에서는 최근 감독보다 성우가 힘을 갖게 되었습니다. 예전 같으면 감독이 성우를 컨트롤 했겠지만, 인기 성우가 나오느냐 안 나오느냐에 따라 수익의 단위가 바뀌는 현실에서 감독이 성우의 말을 듣지 않을 수 없죠.

이 책에서도 몇 번 말하고 있지만, 인터넷의 존재가 이러한 캐릭터 우위의 상황을 만들고 가속시키고 있습니다.

그것을 상징하는 것이 트럼프 대통령 취임 이후 사용되고 있는 '포스트 트루스' 즉, 탈진실이라는 말입니다. 트럼프는 "팩트는 없고 오피니언만 있을 뿐이다"라고 말했습니다. 세계의 진실과 사실은 더 이상 의미가 없고, 남은 것은 '의견 차이'일 뿐입니다.

양식있는 사람의 입장에서는 터무니없는 생각입니다.

"그러니까 제대로 사실을 검증해야 하는 거야!"라고 말하는 사람도 물론 있을 것입니다. 트럼프가 무책임한 말을 하면 하나하나 검증해 나가는 것이 언론과 저널리스트의 역할일 것입니다.

저도 사람들이 그렇게 말하는 기분을 잘 압니다. 하지만 그것은 너무 어려운 일이 되고 있습니다.

거짓 정보를 흘리는 것은 간단하지만, 그것이 사실인지를 검증하는 것은 수십 배의 노력이 듭니다. 사실 여부를 검증하는 동안 계속해서 거짓 정보가 나오면, 세상의 관심은 새로운 뉴스를 향합니다. 원래의 정보가 옳았는지는 아무도 상관하지 않습니다.

그리고 어떤 인간이라도 감정적인 앙금에 무관할 수 없습니다. 미국의 트럼프 열풍에 대해서는 냉정하게 논평할 수 있어도, 종군위안부 동상처럼 일본과 관련된 것에는 분노를 앞세우는 사람이 적지 않겠지요? 누군가의 의견에 대해서 짜증이 나서 "아니야! 그게 아니야!"라고 말을 하고 싶어졌다면, 이제 팩트 체크 같은 것은 할 수 없습니다.

넘쳐나는 거짓 정보에 휘둘리고 팩트 체크도 할 수 없는 우리는 어떻게 행동할까요?

"저 사람은 성실할 것 같다", "말을 분명하게 해서, 결단력이 있는 것 같다"와 같이 결국 캐릭터로 정치인을 선택하게 됩니다.

법치주의와
캐릭터주의

자신만의 캐릭터를 가지고 있는 정치인이 한 국가의 수장으로 선택되는 것은 어제오늘의 일이 아닙니다.

여론에 따라 포퓰리즘 정책으로 국가를 운영하는 트럼프 전 대통령과 같은 정치인들을 보면서 우리는 "근대적인 법치주의 국가의 위기다!"라고 생각하기 쉽습니다. 또한 2016년에는 한국에서 박근혜 전 대통령이 탄핵소추를 당했는데, 당시 보도를 보면 국회가 여론에 끌려갔다는 평가도 있었습니다.

이것에 대하여 "사람들의 여론이 어떠하든 법으로 정해져 있는 것을 법대로 잘 따르는 것이 법치주의 국가다!"라고 생각하는 사람도 있을 것입니다. "위정자가 국민 여론의 눈치를 보며 정책을 결정하니, 정책이 늦어진다"라고 느끼는 사람도 있을지 모릅니다.

하지만 정말 그럴까요?

국가가 하는 모든 판단을 법률에 근거하여 한다는 것이 법치주의이지만 "위정자가 자신의 생각만으로 국가를 운영해서는 안 되며, 법에 근거하여 국가를 운영해야 한다"는 생각은 과거부터 존재했습니다.

고대 중국의 사상으로는 덕치주의를 설파한 유가가 유명하지만, 같은 시기에 법치주의를 주장한 법가 또한 있었습니다.

덕치주의라는 것은 인덕이 있는 위정자가 백성을 다스린다는 생각, 즉 '캐릭터주의'입니다. 이에 반해 법가의 사상가들은 '법치주의' 즉, 엄격한 법률에 근거하여 국가를 운영하자고 설파하였습니다.

아주 오래전부터 인간 사회는 법치주의와 캐릭터주의 사이에서 계속 반복하고 있습니다.

어떠한 시스템이 성숙하고 안정되면 법치주의가 우위를 점하게 됩니다. "알기 쉬운 법률을 준비하고, 그 법을 지킨다면 누구든 무엇을 해도 좋다"라고 하는 사회입니다. 하지만 법을 성립시키고 있던 합의가 깨지면 "나는 이렇게 하겠다!"라고 주장하는 강한 캐릭터를 필요로 하게 됩니다.

저는 절대로 캐릭터주의가 좋다고 말하는 것은 아닙니다. 오히려 "우리의 위에서 자신의 기분에 따라 결론을 바꿔버리면 참을 수 없는데"라고 생각하는 편입니다.

그렇지만 법을 가지고 수많은 사람들을 통합하여 공동체를 유지하는 것은 이제 불가능해지고 있습니다. 팩트가 아닌 오피니언만 존재하는 세상에서는 결국 '떠드는 사람이 승리'할 수밖에 없습니다.

부자가
나라를 만들기
시작한다

앞으로의 미래 세계에서는 사회의 모든 분야에서 강한 주장을 가진 사람에 의한 '국가 만들기'의 시행착오가 벌어질 것입니다.

우리는 국민국가*에 너무 익숙해져 있기 때문에, 국민국가가 아닌 나라가 머릿속에서 떠오르지 않지만 세계 곳곳에서는 이미 국민국가의 대안을 찾기 시작했습니다.

미국 조지아주에 있는 샌드 스프링스는 원래 풀턴 카운티에 속한 부유층이 많이 살던 지역이었습니다. 이 지역의 부유층들은 자신들이 납부한 세금의 사용 방법을 납득하지 못했습니다. 시당국은 빈곤층을 위한 복지정책에 자신들의 세금을 쏟아붓고 있었지만, 자신

---

* 공통의 사회·경제·정치 생활을 영위하고 공통언어·문화·전통을 지닌 국민공동체를 기초로 하여 성립된 국가

들의 집 앞 도로의 구멍은 고쳐질 기미가 보이지 않았기 때문입니다.

이에 주민들은 주민투표를 통해 2005년 풀턴 카운티에서 독립을 결정했습니다. 지자체가 수행하던 업무를 민간 위탁을 통해 합리화하기 시작했습니다. 수백 명의 공무원이 담당하던 업무를 단 9명의 직원에게 위탁하였고, 법원에서 재판이 이루어질 때는 재판장을 시급 100달러로 단기고용하는 등 불필요한 비용을 철저히 줄여나갔습니다. 이 같은 비용 절감으로 생긴 재정은 주민들의 요청에 따라 주민 안전을 위한 서비스를 확충하는 데 쓰였습니다. 한마디로 '부자만을 위한 마을 만들기'에 성공한 것입니다.

2015년에는 이집트의 한 억만장자가 지중해의 한 무인도를 구입해 유럽으로 몰려드는 난민을 수용하겠다는 구상을 발표하여 화제가 되었습니다. "선진국에서 난민을 받아들이는 것보다 섬에 난민용 인프라를 만들고 일자리도 만들어 일하게 하는 것이 훨씬 효율적이지 않겠나"라는 것이죠.

난민 문제로 고민하는 선진국으로부터는 각종 지원과 보조를 받을 수 있고, 난민들이 만든 상품을 공정무역으로 좀 더 비싸게 파는 수단도 있을 것이라 합니다. 그렇지만 잘못된다면, 블랙기업**은커녕 블랙국가가 탄생할 수도 있을 겁니다.

그 밖에도 실리콘 밸리의 부자 등은 해상이나 우주 공간에 국가를 건설하려는 구상을 하고 있습니다. 온라인 간편 결제 서비스 페이팔의 창업자 피터 틸은 '정치인 없는' 해상도시를 건설한다는 목표로 2008년 시스테딩연구소Seasteading Institute를 창설했습니다. 시스테딩연구소는 프랑스령 폴리네시아 인근에 인공섬을 만들려고 준비 중입니다.

러시아의 사업가이자 과학자 이고르 아슈르베일리가 만들려고 하는 것은 우주 궤도상에 위치한 우주국가 '아스가르디아Asgardia'입니다. 그 첫걸음으로 2017년에는 아스가르디아1 인공위성을 우주로 쏘아 올렸습니다. 우주국가 아스가르디아의 국민은 홈페이지에서 인터넷으로 모집하며 신청자가 이미 100만 명을 넘겼다고 합니다. 아스가르디아는 현재 국가 지위를 인정해 달라고 UN과 국제사회에 호소하고 있습니다.

** 고용불안 상태에서 청년 노동자에게 저임금 장시간 노동 등 불합리한 노동을 강요하는 기업을 이르는 말

기존의 국민국가는 규제 투성이로 하고 싶은 일이 있는 사람들에게는 그것이 못마땅합니다. 불로장생을 위한 실험을 하려고 해도 인간복제 같은 것은 시도할 수도 없습니다. 각종 규제와 정부 및 정치인들에게 시달린 사람들은 차라리 자신이 좋아하는 일을 할 수 있는 국가를 처음부터 만드는 것이 쉬운 일이라고 생각하는 것입니다.

미국은 우수한 이민자들을 수용하여 발전한 국가였지만 트럼프 대통령 이후로는 이민 정책이 소극적으로 바뀌었습니다. 우수한 인재를 적극적으로 끌어모을 수 있는 새로운 국가는 부자들에게 흥미로운 방안이 될 것입니다.

정치인의
올바른 자질은
무엇인가?

공동체의 규모가 점점 커질수록 여러 문제가 발생하게 됩니다. 공
공서비스에 무임승차를 하는 집단도 생길 테고, 병이나 부상으로 일
하지 못하는 사람도 나오게 됩니다. 이러한 각종 문제를 대응하기 위
한 행동이 바로 정치인 것입니다.

《스타워즈에서 배우는 민주주의》라는 책에서 저는 정치의 역할
을 정의, 분배, 구제, 보장, 제사로 분해하여 보았습니다.

① '정의'는 공동체 구성원들이 자신들이 속한 공동체를 옳다고
   느끼게 해주는 것을 말합니다.
② '분배'는 거둬드린 세금으로 필요한 시설 등을 만들거나 교육
   하는 것을 말합니다. 쓰레기장을 어디에 만들 것인지 전쟁이

나면 누구를 징병할 것인지 등 불이익의 분배도 포함됩니다.

③ '구제'는 공동체 안에서 뒤처지는 사람도 챙겨주는 것을 말합니다.

④ '보장'은 세상의 불합리로부터 공동체 구성원을 지켜주는 것을 말합니다. 재해 대책을 세우거나 다른 나라와 좋은 관계를 구축하는 것도 보장입니다.

⑤ '제사'는 공동체 모두가 일체감을 느낄 수 있는 이벤트를 말합니다. 스포츠 이벤트가 될 수도 있고, 선거가 될 수도 있습니다.

이런 것들을 잘할 수 있거나 혹은 이를 위해 공헌할 수 있는 사람이 '좋은 정치인'이라고 하였습니다.

그럼 실제 세상에서는 좋은 정치인이 되기 위해 어떠한 자질이 필요할까요?

얼마 전, 사무실 근처에서 자치단체장을 선출하는 선거 유세가 벌어지고 있었습니다. 한 여성 후보가 연설을 하고, 그 주위를 지지자들이 에워싸고 있었습니다. 연설 내용이나 곳곳에 붙은 선거 포스터에서 "첫 여성 시장 후보!"라는 것을 강조하고 있었지만, 저는 왜 그

것이 강조할 것인지 도대체 이해되지 않았습니다.

"여성이 시장이 되면 육아 정책 같은 정책이 충실해지지 않을까?"라고 유권자가 생각하기를 기대하는 것으로 보였지만, 정작 '좋은 시장이란 무엇인가?'에 대한 답은 되지 못했습니다.

우리 사회는 적재적소로 이루어져 있습니다. 택배기사라면 '체력이 좋다' 또는 '운전을 잘한다' 같은 자질이 필수일 것입니다. 아이돌이라면 '외모가 매력적이다' 또는 '사람들 앞에서 주눅들지 않는다' 같은 자질을 필요로 합니다. 반대로 아무리 뛰어난 야구선수라 해도 야구 실력으로는 그 사람에게 구단 경영을 맡기지 않습니다. 공장에 용접의 달인이 있다고 해도 그것으로는 가전회사의 경영을 맡기지 않지요.

경영자나 아이돌, 스포츠 선수 등 각각의 일에는 적합한 사람이 어떤 사람인지에 대한 대략적인 이미지가 있습니다.

그렇다면 정치인으로 적합한 사람은 어떤 사람일까요?

유세장의 연설에서는 "이 사람은 우수하다", "좋은 사람이다", "정의감이 투철하다"라고 말하지만, 우수하다든가 좋은 사람이라든가 정의감이 투철하다는 것이 정말 정치인에게 반드시 필요한 자질일까요?

우리는 정치인을 꿈꾸는 사람이 어떤 사람인지 잘 모릅니다. 그러므로 후보자는 "첫 ○○○"이라든지 "✕✕✕를 용서하지 않겠다"라든지 "분열의 시대에 통합할 수 있는 것은 이 사람뿐"이니 하는 이상한 선거 구호로 승부할 수밖에 없는 것입니다.

인공지능이
범죄자의 형량을
정할 수 있는가?

2017년에 방영된 NHK 스페셜 〈인공지능 천사인가? 악마인가?〉
에서 흥미로운 사례가 하나 소개되었습니다.

캘리포니아주 법원에서는 인공지능을 사용한 재범 예측 시스템
을 도입했다고 합니다. 과거의 재판기록 데이터를 학습한 인공지능이
어떤 특성을 가진 인간이 범죄를 반복하는지를 분석하여 재범률을 예
측한다고 하는데요. 최종적으로 판결을 내리는 것은 인간이지만, 범
죄자의 형량을 결정하는데 인공지능이 활용되고 있는 것입니다.

이 시스템을 도입한 캘리포니아주 소노마 카운티에서는 재범률
이 10%나 감소했다고 합니다. 경찰 등의 비용도 줄일 수 있어 장점
이 많다고 하지만, 인공지능의 예측으로 자신의 형량이 정해졌다는
사실을 안 재소자는 "내 인생이 인공지능에 의해 결정되다니 도저히
납득할 수 없습니다"라며 분노하고 있었습니다.

인공지능과 관련하여 또 하나 재미있었던 것이, 역시 NHK 스페셜의 〈인공지능에게 묻다! 어떻게 할거야? 일본〉을 본 시청자들의 반응이었습니다.

이 프로그램에서 여러 가지 데이터를 인공지능(이라고 NHK가 말하고 있는 소프트웨어)에게 주고 "어떤 수치가 변화하면, 어느 수치에 영향을 미치는가?"라고 하는 인과관계를 뒤쫓았습니다. 그렇게 나온 제언이 "40대 독신 가구를 줄이면 일본이 좋아진다"라는 것이었습니다.

이것은 바로 인터넷에서 큰 논란이 되었습니다. 그중에서 가장 많았던 것은 "그런 것은 인과관계가 아니라, 단지 상관관계일 뿐이다!"라는 지적이었습니다.

'아이스크림이 많이 팔리면 익사자가 늘어난다'는 데이터가 있다고 합시다. 그렇지만 조금 생각해 보면 '아이스크림이 많이 팔리는 더운 날에는 바다나 계곡으로 놀러 가는 사람이 많아지기 때문에 익사자가 늘어나는 것은 당연하다'라는 것을 알 수 있습니다. 아이스크림과 익사자의 관계는 더위라는 원인에 의해 함께 변하는 상관관계일 뿐이지 아이스크림이 익사자의 증감을 결정하는 원인이 아니기 때문에 인과관계가 성립하지 않는 것입니다.

"NHK는 인과관계와 상관관계를 뒤죽박죽으로 섞어서 프로그램을 선정적으로 만들었다!"라고 화를 내는 사람들이 많았고, 그 의견은 당연하다고 생각합니다.

하지만 아이스크림의 사례와 같이 간단한 경우라면 좋겠지만, A와 B의 데이터가 서로 관련이 있는 경우 그것이 인과관계인지 단순히 상관관계인지를 판단하는 것은 꽤 어렵습니다. 이 때문에 이 둘을 구분하는 것은 인공지능에게 어려운 일이라고 말하는 사람들도 있습니다.

이런 데이터의 해석은 어떤 면에서 '문학'에 가깝습니다.

데이터를 해석하여 "A라고 하는 사건은 B가 17%, C가 15%, D가 18% 영향을 주었다"라는 결과가 나왔다면, 인간은 아무래도 납득하기 어렵습니다. "알듯 말듯 모르겠어. 도대체 무엇이 영향을 줬다는 것인지, 설명 좀 해줘!"라고 외치고 싶지 않을까요?

그래도 저는 인공지능을 적극적으로 도입해야 한다고 생각합니다. 물론 정책의 입안이나 양형의 판단을 인공지능에 맡김으로써 때로는 피해도 나올 것입니다.

"불완전한 시스템에 정치를 맡길 수 없다"고 반론하는 사람도 있을 것입니다. 그렇지만 지금은 어떤 자질이 필요한지도 모르는 직업에 대해서, 유능하다든지 정의감이 투철하다든지 좋은 사람이라고 하는 이유로 정치인을 선거로 선택하여 우리의 삶을 맡기고 있습니다. 이런 시스템의 엉터리에 비하면, 인공지능의 해석을 참고로 정치를 하는 편이 훨씬 낫지 않을까요?

인간의 즉흥적인 정치 행위로 발생하는 폐해와 불완전한 인공지능에 의해 일어나는 폐해에는 그다지 극적인 차이가 있다고 생각하지 않습니다.

인공지능을 도입함으로써 선거에 드는 비용이 극적으로 개선되는 것은 물론, 보다 의미 있게 활용될 수 있는 인재들이 정치와 같은 것으로 낭비되는 것도 막을 수 있습니다. 인공지능 정치인은 캘리포니아주 법원에서 사용하는 인공지능과 비슷하기 때문에 기술적으로 실현하는 것은 어렵지 않을 것입니다.

감시카메라로
포위된 사회는
디스토피아인가?

1970~1980년대 SF 영화에는 '컴퓨터가 인류를 지배하는 디스토피아'가 잘 묘사되어 있습니다. 당시의 컴퓨터라고 해봐야 우리가 가지고 다니는 스마트폰보다도 처리능력이 떨어졌지만, 당시에는 전체주의에 대한 두려움이 컸기 때문에 "인류를 멸망시켜라!"라든지 "모든 인류가 같은 옷을 입어라!"처럼 바보 같은 명령을 내리는 인공지능 밖에 상상할 수 없었던 것도 이해가 됩니다.

하지만 저는 컴퓨터가 인류를 지배하는 것이 디스토피아라고 생각하지 않습니다.

우선 도로와 거리, 공공시설, 교통시설 등 모든 장소에 감시카메라를 설치하는 것입니다. 그 감시카메라로 소시오그램도 하나씩 수집하면 좋을 것입니다. 소시오그램이란 어떤 소집단 내에서 개인 간의 관계를 정량화한 것입니다. 소셜미디어나 감시카메라의 정보를 활용하면, 사람들끼리 어떤 식으로 연결되어 있고 어떤 상황에서 어떤 행동을 하는 생물인지를 알 수 있게 됩니다.

우리가 감시카메라를 싫어하는 것은 '누군가 보고 있다'고 생각하기 때문입니다. 하지만 누군가가 아니라 감정을 갖고 있지 않은 인공지능이 인간의 행동을 관찰하고 있는 것뿐이라면 신경 쓰지 않아도 되지 않을까요?

그런 의미에서 중국은 세계에서 가장 앞서 나가고 있습니다. 중국은 안면인식 감시카메라를 중국 전역에 설치하여 활용하고 있습니다. 안면인식 감시카메라로 교통법규를 위반하는 사람은 물론, 수만 명의 관객이 운집한 콘서트장에서는 수배 중이던 용의자를 꼭 집어 검거했다고 합니다.

알리바바는 모바일 결제에 '지마신용'이라는 신용평가 시스템을 도입하고 있습니다. 고학력자나 대기업에 근무하는 사람, 빌린 돈을 제대로 갚는 사람, 인맥이 좋은 사람 등은 신용점수가 높아져 부동산 보증금이 저렴해지는 등 여러 가지 장점이 있다고 합니다.

일본인의 입장에서 보면 안면인식 데이터나 신용정보를 정부가 전부 파악하고 있는 것처럼 느껴져 무섭다고 생각하기 쉽습니다. 하지만 중국에서는 수억 명의 사람들이 지마신용을 편리하게 사용하고 있는 것을 보면 그렇게 신경 쓰지 않는 것 같습니다.

인공지능이 데이터를 모아 '인간에게 가장 유익한 선택은 무엇인가?'를 제시해주는 것이, 정치인을 어렵게 만나서 이것저것 민원을 부탁하는 것보다 훨씬 도움이 될 것 같은데요.

저만 그렇게 생각하는 것일까요?

그래도
인간 정치인이
필요한 이유

정치에 인간이 불필요하다고 말하는 것이 아닙니다.

중국과 같은 독재국가에서는 정부가 원하는 대로 일을 추진할 수 있지만, 민주주의 국가에는 선거라는 제도가 있습니다. 인공지능이 아무리 뛰어나도 인공지능에게 투표할 수 없고, 무엇보다 심리적인 저항이 클 것입니다.

필요한 것은 "의회의 표결에서 인공지능의 결과를 따르겠다"라고 공약하는 정치인이겠죠.

앞으로의 정치에서 필요한 것은 '정치 인공지능'과 '인공지능을 따르는 정치인'의 짝입니다.

제가 상상하는 정당인 '인공지능당'의 후보자는 "우리는 정치의 아마추어입니다. 모든 판단은 인공지능에 맡기겠습니다!"라고 공약하는 것입니다. 이런 정치인이 많아지면, 정책 결정에서 인공지능의 비중을 늘려 갈 수 있습니다.

인간 정치인에게는 캐릭터만 있으면 됩니다. 아니 캐릭터가 전부입니다.

수년간 수해가 없었던 지역에 곧 하천이 범람할 것으로 인공지능이 예측했다고 봅시다. 하천이 범람하면 수백 명의 사망자가 나올 수도 있지만, 대피하면 경제적인 손실을 입는 사람이 나올 수도 있습니다.

이럴 때 "하천이 범람할 가능성은 ××퍼센트"라고 인공지능이 알려주는 것만으로는 부족합니다. 인간 정치인이 결단을 하고 "모두 대피해주세요!"라고 주민들에게 지시를 해야 합니다. 하지만 대피를 했는데도 불구하고 하천이 범람하지 않았다면 그 정치인이 사과를 하는 것이지요.

"저 사람을 믿고 대피하자!"
"저 사람이 사과하는데 용서해주자!"

이런 고통을 떠맡는 것이 인간 정치인의 역할일 것입니다.

당신은
어느 나라를
선택하겠습니까?

당연히 인공지능의 예측에 근거하여 정치를 추진하고 정책을 결정하는 것에 대해 사람들이 거부감을 가질 것입니다. 정치인과 관료들도 인공지능의 결점이나 실패의 가능성을 언급할 것입니다. 하지만 10년 정도가 지나면 그런 말을 할 수 없지 않을까요?

저출산 고령화가 진행된 지자체에서는 비용적으로 지금과 같이 지방 의회나 관공서를 유지할 수 없기 때문이죠. 시의회, 주민센터의 공무원을 줄일 수밖에 없습니다. 지역 대표 한 사람이 지자체를 운영할 수 있도록 하지 않으면 안됩니다.

그렇다고 해서 전국에 일률적으로 인공지능을 도입하는 것도 아니고, 인공지능도 한 종류가 아닐 것입니다. "우리 지역 행정은 인간이 직접 합니다!"라고 홍보하는 지자체가 있는가 하면, "우리 지역은 인공지능 '1등 행정'를 사용하고 있습니다", "우리 지역은 인공지능 로봇이 행정을 처리합니다"라고 하는 곳도 나올 것입니다.

선거 때가 되면 정치인을 홍보하는 것이 아니라 정치 인공지능 메이커를 홍보하는 장이 될 것입니다. 소프트뱅크의 인공지능을 사용하는 지자체에 구글이 나서 "저희 정치 인공지능을 사용하시면 행정 비용이 30% 절감됩니다"라고 영업을 하는 것이죠.

인공지능 도입 방법에 따라 지자체의 서비스나 과세율이 달라지면, 주민의 유입과 유출에도 영향을 미칩니다. 지자체는 인공지능의 운영과 효율을 서로 경쟁하게 될 것입니다.

경쟁의 결과로 소멸하는 지자체가 생기는가 하면, 보다 발전하는 지자체도 생길 것입니다. 지자체의 통합을 무리하게 추진하지 않더라도 경제적 합리성에 의해 지자체를 넘어 국가 단위로 몇몇 나라가 함께하는 '합중국화'가 진행될지도 모릅니다.

그렇게 되면 "국가 차원의 정치도 인공지능에 맡기면 되지 않을까?"라는 목소리가 높아지겠죠. 부처 간의 권력 다툼을 좋아하는 일부 관료가 남는다고 해도, 인공지능을 도입하는 것이 비용을 낮춰 이익을 높일 수 있다면 어느 부처도 인공지능을 도입하지 않을 수 없을 것입니다.

지자체뿐만 아니라 국가 간, 국제도시 간의 경쟁도 치열해질 것입니다. 지금도 부유층들은 세율을 비롯하여 얻을 수 있는 서비스를 비교하여 거점으로 삼는 나라를 선택하고 있습니다. 향후 미래에는 국가나 도시가 각자의 매력을 어필하여 주민이나 관광객을 끌지 못하면 쇠퇴할 뿐입니다. 이를 위해서도 인공지능 등의 기술을 최대한 활용하여 합리적인 정치를 추진해 나가는 것이 불가결해질 것입니다.

지금도 북유럽의 소국 에스토니아는 정부의 전자화를 빠르게 진행하여 외국인에게도 '전자 거주권'을 발행하고 있습니다. 전자 거주권이 있으면 에스토니아에서 현지 법인을 쉽게 설립할 수 있다고 합니다.

앞으로 어떤 방식을 채택한 국가나 지자체가 잘 작동하게 될지는 아직 모릅니다. 인공지능을 정치에 활용한다고 해도 중국처럼 국민을 감시하는 나라가 있는가 하면, 에스토니아처럼 전자정부화를 최대한 진행하는 곳도 있을 것입니다. 부자들이 만든 인공섬이나 우주 위성도시가 번창할 수도 있습니다.

앞으로 우리는 어떻게 하는 것이 좋을까요? 앞서 말한 것처럼 인구가 소멸하는 지자체와 효율이 떨어지는 관공서부터 여러 가지 정치 인공지능이 도입될 것입니다.

하지만 확실하게 말할 수 있는 것은 "인간이란 본래 어떠해야 하는가?" 또는 "올바른 정치인과 관료의 자질은 무엇인가?"와 같은 것들은 계속 논의해 봤자 아무런 결과도 나오지 않는다는 것입니다.

이제 우리는 국가나 정치는 "당연히 ○○○해야 한다"와 같은 불필요한 논쟁을 접고 다양한 실험을 해나가야 합니다. 그 움직임은 이미 세계 곳곳에서 일어나고 있기 때문에 더 이상 멈출 수 없습니다.

어느 나라를 선택할 것인가? 또는 어떤 나라를 만들 것인가? 이것을 결정하는 것은 당신의 몫입니다.

우리는 전 세계적인 전국시대에 있으니까요.

미래의 행복론

10년 후 미래에도 살아남기 위한 직업을 찾는 방법

지금까지 저의 미래 예측은 어떠셨나요?

저의 예측을 읽고 두근거리는 마음을 갖는 사람이 있는가 하면, 한편으로 어떻게 하면 살아남을 수 있을지 불안해진 사람도 많지 않을까 생각합니다.

그럼 에필로그에서는 특별히 '살아남는 직업' 말고 '살아남기 위한 직업을 찾는 법'을 알려드리겠습니다.

방법은 딱 두 가지입니다.

잘하고 있는 사람에게 도움이 되거나 또는 잘하고 있는 사람의 기분을 맞추는 것. 이 둘 중의 하나입니다.

"아, 이게 뭐야!"라고 생각하셨나요? 하지만 직업에 대해 끝까지 생각해보면 이런 결론에 도달합니다.

최근 아이들이 꿈꾸는 직업 순위에 유튜버가 떠오르고 있지만, 유튜버를 목표로 한다는 것은 다른 것입니다. 유튜버가 되어서 먹고 살 수 있는 사람은 좋게 말해서 1,000명 중 3~4명 정도입니다. 이러한 경쟁은 좀 불리합니다.

19세기 중반, 미국 캘리포니아에서 금광이 발견되었다는 소문이 나자, 캘리포니아의 골짜기로 사람들이 몰려드는 골드러시가 벌어졌습니다. 하지만 실제로 금을 발견하여 부자가 된 사람은 거의 없었다고 합니다. 금광에서 노다지를 캔 사람들은 광부들에게 청바지나 삽 등을 팔고 광부를 대상으로 술집을 운영한 상인들이었습니다.

그때와 똑같이 앞으로 잘 될 것 같거나 경기가 좋아 보이는 사람 주변으로 갑시다.

주의할 것은 우리가 찾아야 할 것은 '일자리'가 아니라 '사람'이라는 것입니다.

회사에 고용되는 것을 당연하게 생각하고 있는 사람은, 무심코 '일자리'를 찾아버립니다.

연공서열과 종신고용의 구조가 있어서, 일단 회사에 들어가면 정년퇴직까지 태평스러웠던 과거였다면 좋겠지만, 그러한 구조는 이미 붕괴된 지 오래입니다.

당신을 평가해주는 것은 특정의 '사람', 그 '사람'이 없는 한 보수도 지위도 얻을 수 없습니다.

그렇다고 해도 인연도 없는 사람에게 갑자기 들이대는 것은 폐를 끼치는 것입니다. 자신이 아는 사람 또는 지인의 소개로 만날 수 있을 정도의 사람, 그럭저럭 인기가 있는 유튜버 같은 사람이 대상입니다.

그럼 그 사람에게 어떻게 하면 도움이 될까요?

당신이 편의점 과자에 대해 많이 알고 있다면, 그 유튜버에게 도움이 될 것입니다. 편의점 과자에 대해 최고로 많이 아는 사람이 아니어도 됩니다. 그 유튜버보다 조금 더 아는 정도로 충분히 도움이 되는 인재가 될 수 있습니다.

어떤 정보나 기술이 도움이 될지는 케이스 바이 케이스이기 때문에 일반화할 수는 없지만, 스스로는 크게 장점이라고 생각하지 않았던 것이 타인에게는 귀중한 정보와 기술이 되는 경우는 자주 있습니다.

도움이 되는 기술이 없다면, 기분 좋게 그 사람의 스트레스를 줄여줍시다. 이것은 부끄러운 일이 아닙니다.

회사에 다니는 사람이라고 해서 모두가 다 특별한 기술을 가지고 있는 것은 아니잖아요.

특별한 기술이 없어도 '좋은 사람'이라면 곁에 두고 싶어하는 것이 인간이라면 극히 자연스러운 심리입니다. 지금 잘나가는 사람일수록 사람만 좋은 인재를 가까이에 둘 여유도 있는 것이니까요.

행복을 포기하는 것이 행복으로 가는 지름길

각종 자기계발서에는 매슬로의 욕구 5단계를 자주 언급합니다.

미국의 심리학자 아브라함 매슬로는 '인간은 자기실현을 향해 끊임없이 성장하는 존재'라고 정의하고, 인간의 욕구를 5단계 피라미드 형태로 분류했습니다.

생리적 욕구(식사, 수면, 배설 등)가 충족되면, 다음은 안전의 욕구(신변의 안전, 경제적 안전, 건강 등) 그리고 소속과 사랑의 욕구(어딘가에 소속되어 있다는 감각), 승인의 욕구(자존감, 다른 사람으로부터 인정 등)로 발전해 결국 자기실현의 욕구, 즉 자기가 가진 능력이나 가능성을 최대한 발휘하고 싶은 욕구로 나아가는 것입니다.

"내가 꿈꾸는 사람이 되어 행복하자!"라고 자기계발서에서는 강조하지만, 저는 자기실현을 목표로 하는 것이 사람에게 있어 행복이라고 생각하지 않습니다.

안정적으로 성장하고 있던 시대라면, 자기실현을 목표로 하는 것도 좋았을 것입니다. 하지만 세계는 지금 난세에 빠져버렸습니다. 한 가지 직업으로는 죽을 때까지 먹고 살 수 있는 일은 없고 대기업도 하루아침에 도산하는 세상입니다.

난세에서 중요한 것은 어쨌든 살아남는 것입니다.

"회사에서 잘렸는데 일자리를 구했어."
"아이를 고등학교에 보낼 수 있었어."

이렇게 어떻게든 극복할 수 있는 사이즈의 고생, 즉 불행을 극복한 상태가 '행복'입니다.

추상적인 '꿈꾸는 사람이 된 자신'을 실현하는 것이 행복이라고 하는 것은 이미 과거의 이야기가 되어버렸습니다. 잘나가는 회사에 들어가서, 남들이 부러워하는 일을 하고…… 이것을 행복으로 믿고 있으면, 쭉 불행한 채로 살아갑니다.

오늘을 살아갈 수 있으면 그것만으로 행복하고, 눈앞에 있는 사람이 자신을 인정해준다면 이게 최고 아닐까요?

미래는 재미있는 사람이 승리한다

저는 요즘 세상이 너무 재미있어 참을 수 없습니다.

하지만 아이들이 꿈꾸는 직업이 유튜버인데요?

"아, 옛날에는 임금님이 세상을 다스리고, 자식도 부모의 말을 얌전히 잘 들었는데…… 이런 난세는 잘못됐어!"

이렇게 생각하는 사람에게는 아이들이 유튜버를 꿈꾸다니 말도 안 되고, 미래는 공포일 뿐입니다.

지난날의 난세에는 정말로 사람의 생사가 걸려 있었습니다. 선택을 잘못하거나 운이 나쁘면 마을 전체가 굶주려 죽을 수도 있었습니다.

앞으로의 난세는 그렇게까지 심하지 않습니다. 아무리 가난해도 나름대로 맛있는 인스턴트 음식 정도는 먹을 수 있습니다.

하고 싶으면 누구나 무엇이든 자유롭게 할 수 있습니다. 인터넷으로 글을 써도 좋고, 만화를 그려도 좋고, 앱을 만들어도 좋고, 장사를 해도 좋습니다. 기술의 진보 덕분에 모든 것이 저비용이 되었고 문턱도 낮아졌습니다.

하기야 누구나 무엇이든 자유롭게 할 수 있다고 해도 그것이 모두 성공한다는 것은 아닙니다. 문턱이 낮아진 만큼 많은 사람들이 실패할 것입니다. 실패가 당연하기 때문에 운 좋게 성공하면 행운입니다. 이 정도로 생각하는 것이 딱 좋습니다.

자신이 크게 성공하지 않더라도 주변에 약간이라도 성공을 이룬 사람이 있다면, 그 사람 곁에서 먹고 살 수 있습니다. 우리 사회는 그 정도로 풍요로워지고 있기 때문입니다.

최저한의 생활이 보장되어 있기 때문에, 미래는 재미있는 사람이 승리하는 것입니다.

"어떻게 하면 손해인가 이득인가?"라고 하는 것은 정답이 있다고 생각하는 사람의 발상입니다. 이제부터는 모든 것이 무너져 갈 것이고 예측할 수 없어집니다. 그래서 미래가 재미있는 것입니다.

결말을 알고 보는 영화는 재미없으니까요!

참고자료

제1장 미래 예측의 3대 법칙

▸ 니코니코 생방송 오카다 토시오 세미나 2017년 12월 31일
http://www.nicovideo.jp/watch/1514838938

제2장 자신을 과장하는 시대

▸ 니코니코 생방송 오카다 토시오 세미나 2017년 04월 16일
http://www.nicovideo.jp/watch/1492400985

제3장 AI 유튜버가 독점하는 미래

▸ 니코니코 생방송 오카다 토시오 세미나 2017년 12월 31일
http://www.nicovideo.jp/watch/1514838938

제4장 아이돌은 새로운 시대의 귀족이 된다

▸ 니코니코 생방송 오카다 토시오 세미나 2016년 08월 21일
http://www.nicovideo.jp/watch/1471801443

▸ 니코니코 생방송 오카다 토시오 세미나 2017년 06월 25일
http://www.nicovideo.jp/watch/1498435901

▸ 니코니코 생방송 오카다 토시오 세미나 2017년 10월 29일
http://www.nicovideo.jp/watch/1509333278

제5장 아마존이 부동산으로 진출한다

▸ 니코니코 생방송 오카다 토시오 세미나 2017년 12월 31일
http://www.nicovideo.jp/watch/1514838938

제6장 가상 연애와 현실 연애의 경계가 사라진다

▸ 니코니코 생방송 오카다 토시오 세미나 2016년 02월 28일
http://www.nicovideo.jp/watch/1457081942

▸ 니코니코 생방송 오카다 토시오 세미나 2016년 10월 02일
http://www.nicovideo.jp/watch/1475477897

▸ 니코니코 생방송 오카다 토시오 세미나 2016년 12월 18일
http://www.nicovideo.jp/watch/1482106786

- ▸ 니코니코 생방송 오카다 토시오 세미나 2017년 02월 19일
  http://www.nicovideo.jp/watch/1487578331
- ▸ 니코니코 생방송 오카다 토시오 세미나 2017년 09월 03일
  http://www.nicovideo.jp/watch/1504513662
- ▸ 니코니코 생방송 오카다 토시오 세미나 2017년 10월 22일
  http://www.nicovideo.jp/watch/1508755472
- ▸ 니코니코 생방송 오카다 토시오 세미나 2017년 11월 05일
  http://www.nicovideo.jp/watch/1509961905

제7장 AI 로봇이 가족을 대신한다

- ▸ 니코니코 생방송 오카다 토시오 세미나 2015년 05월 31일
  http://www.nicovideo.jp/watch/1433143455
- ▸ 니코니코 생방송 오카다 토시오 세미나 2016년 10월 02일
  http://www.nicovideo.jp/watch/1475477897
- ▸ 니코니코 생방송 오카다 토시오 세미나 2017년 03월 12일
  http://www.nicovideo.jp/watch/1489374892

제8장 인공지능이 정치를 바꾼다

- ▸ 니코니코 생방송 오카다 토시오 세미나 2016년 09월 25일
  http://www.nicovideo.jp/watch/1474994758
- ▸ 니코니코 생방송 오카다 토시오 세미나 2016년 11월 13일
  http://www.nicovideo.jp/watch/1479086815
- ▸ 니코니코 생방송 오카다 토시오 세미나 2017년 01월 22일
  http://www.nicovideo.jp/watch/1485748612
- ▸ 니코니코 생방송 오카다 토시오 세미나 2017년 03월 05일
  http://www.nicovideo.jp/watch/1488800227
- ▸ 니코니코 생방송 오카다 토시오 세미나 2017년 04월 16일
  http://www.nicovideo.jp/watch/1492400985
- ▸ 니코니코 생방송 오카다 토시오 세미나 2017년 10월 01일
  http://www.nicovideo.jp/watch/1506941619